IDENTIDADE E DIFERENÇA

Dados Internacionais de Catalogação na Publicação (CIP)
(Câmara Brasileira do Livro, SP, Brasil)

Silva, Tomaz Tadeu da
  Identidade e diferença : a perspectiva dos estudos culturais / Tomaz Tadeu da Silva (org.). Stuart Hall, Kathryn Woodward. 15. ed. – Petrópolis, RJ : Vozes, 2014.

  10ª reimpressão, 2022.

  ISBN 978-85-326-2413-0

  1. Diferenças individuais 2. Identidade I. Hall, Stuart. II. Woodward, Kathryn. III. Título.

00-3345   CDD-302

Índices para catálogo sistemático:
1. Diferença e identidade : Sociologia 302
2. Identidade e diferença : Sociologia 302

Tomaz Tadeu da Silva (org.)
Stuart Hall
Kathryn Woodward

Identidade e diferença
A perspectiva dos Estudos Culturais

Traduções: Tomaz Tadeu da Silva

EDITORA VOZES
Petrópolis

© 2000, Tomaz Tadeu da Silva

O capítulo 1, "Identidade e diferença: uma introdução teórica e conceitual", é traduzido do original "Concepts of identity and difference", de Kathryn Woodward, extraído do livro *Identity and difference*, publicado por Sage Publications Ltd., e organizado pela mesma autora.

© Open University, 1997. Publicado aqui com autorização da editora.

O capítulo 3, "Quem precisa da identidade?", é traduzido do original "Who needs 'identity'?", de Stuart Hall, extraído do livro *Questions of identity*, publicado por Sage Publications Ltd., e organizado por Stuart Hall e Paul du Gay.

© Stuart Hall, 1996. Publicado aqui com autorização da editora.

Direitos de publicação no Brasil:
2000, Editora Vozes Ltda.
Rua Frei Luís, 100
25689-900 Petrópolis, RJ
www.vozes.com.br
Brasil

Todos os direitos reservados. Nenhuma parte desta obra poderá ser reproduzida ou transmitida por qualquer forma e/ou quaisquer meios (eletrônico ou mecânico, incluindo fotocópia e gravação) ou arquivada em qualquer sistema ou banco de dados sem permissão escrita da editora.

CONSELHO EDITORIAL

Diretor
Gilberto Gonçalves Garcia

Editores
Aline dos Santos Carneiro
Edrian Josué Pasini
Marilac Loraine Oleniki
Welder Lancieri Marchini

Conselheiros
Francisco Morás
Ludovico Garmus
Teobaldo Heidemann
Volney J. Berkenbrock

Secretário executivo
Leonardo A.R.T. dos Santos

Editoração e org. literária: Enio P. Giachini
Diagramação: AG.SR Desenv. Gráfico

ISBN 978-85-326-2413-0

Este livro foi composto e impresso pela Editora Vozes Ltda.

Sumário

1. Identidade e diferença: uma introdução
teórica e conceitual, 7
Kathryn Woodward

2. A produção social da identidade e
da diferença, 73
Tomaz Tadeu da Silva

3. Quem precisa da identidade?, 103
Stuart Hall

1.
Identidade e diferença: uma introdução teórica e conceitual

Kathryn Woodward

Introdução

O escritor e radialista Michael Ignatieff conta a seguinte história, a qual se passa no contexto de um país dilacerado pela guerra, a antiga Iugoslávia:

> São quatro horas da manhã. Estou no posto de comando da milícia sérvia local, em uma casa de fazenda abandonada, a 250 metros da linha de frente croata... não na Bósnia, mas nas zonas de guerra da Croácia central. O mundo não está mais olhando, mas toda noite as milícias croatas e sérvas trocam tiros e, às vezes, pesados ataques de bazuca.

> Esta é uma guerra de cidade pequena. Todo mundo conhece todo mundo: eles foram, todos, à escola juntos; antes da guerra, alguns deles trabalhavam na mesma oficina: namoravam as mesmas garotas. Toda noite, eles se comunicam pelo rádio "faixa do cidadão" e trocam insultos – tratando-se por seus respectivos nomes. Depois saem dali para tentar se matar uns aos outros.

> Estou falando com soldados sérvios – reservistas cansados, de meia-idade, que preferiam estar em casa, na cama. Estou tentando compreender por que vizinhos começam a se matar uns aos outros. Digo, primeiramente, que não consigo distinguir entre sérvios e croatas. "O que faz vocês pensarem que são diferentes?"

> O homem com quem estou falando pega um maço de cigarros do bolso de sua jaqueta cáqui. "Vê isto? São cigarros sérvios. Do outro lado, eles fumam cigarros croatas."

> "Mas eles são, ambos, cigarros, certo?"

"Vocês estrangeiros não entendem nada" – ele dá de ombros e começa a limpar a metralhadora *Zastovo*.

Mas a pergunta que eu fiz incomoda-o, de forma que, alguns minutos mais tarde, ele joga a arma no banco ao lado e diz: "Olha, a coisa é assim. Aqueles croatas pensam que são melhores que nós. Eles pensam que são europeus finos e tudo o mais. Vou lhe dizer uma coisa. Somos todos lixo dos Bálcãs" (IGNATIEFF, 1994: 1-2).

Trata-se de uma história sobre a guerra e o conflito, desenrolada em um cenário de turbulência social e política. Trata-se também de uma história sobre identidades. Nesse cenário mostram-se duas identidades diferentes, dependentes de duas posições nacionais separadas, a dos sérvios e a dos croatas, que são vistos, aqui, como dois povos claramente identificáveis, aos quais os homens envolvidos supostamente pertencem – pelo menos é assim que eles se veem. Essas identidades adquirem sentido por meio da linguagem e dos sistemas simbólicos pelos quais elas são representadas.

A representação atua simbolicamente para classificar o mundo e nossas relações no seu interior (HALL, 1997a). Como se poderia utilizar a ideia de representação para analisar a forma como as identidades são construídas nesse caso? Examinemos outra vez a história de Ignatieff. O que é visto como sendo a mesma coisa e o que é visto como sendo diferente nas duas identidades – a dos sérvios e a dos croatas? Quem é incluído e quem é excluído? Para quem está disponível a identidade nacional sérvia enfatizada nessa história?

Trata-se de povos que têm em comum cinquenta anos de unidade política e econômica, vividos sob o regime de Tito, na nação-estado da Iugoslávia. Eles partilham o local e diversos aspectos da cultura em suas vidas cotidianas. Mas o argumento do miliciano sérvio é de que os sérvios e os croatas são totalmente diferentes, até mesmo nos cigarros que fumam. A princípio, parece não existir qualquer coisa em comum entre sérvios e croatas, mas em poucos minutos o homem está dizendo a Ignatieff que sua maior queixa contra seus inimigos é que os croatas se pensam como sendo melhores que os sérvios, embora, na verdade, "sejam os mesmos : segundo ele, não há nenhuma diferença entre os dois.

Essa história mostra que a identidade é relacional. A identidade sérvia depende, para existir, de algo fora dela: a saber, de outra identidade (croácia), de uma identidade que ela não é, que difere da identidade sérvia, mas que, entretanto, fornece as condições para que ela exista. A identidade sérvia se distingue por aquilo que ela não é. Ser um sérvio é ser um "não croata". A identidade é, assim, marcada pela diferença.

Essa marcação da diferença não deixa de ter seus problemas. Por um lado, a asserção da diferença entre sérvios e croatas envolve a negação de que não existem quaisquer similaridades entre os dois grupos. O sérvio nega aquilo que ele percebe como sendo a pretensa superioridade ou vantagem dos croatas, os quais são, todos, reunidos sob o guarda-chuva da identidade nacional croata, constituindo-os, assim, como estranhos e como "outros". A diferença é sustentada pela exclusão: se você é sérvio, você não pode ser croata, e vice-versa. Por outro lado, essa afirmação da diferença é problemática também para o soldado sérvio. No nível pessoal, ele está certo de que os croatas não são melhores que os sérvios; na verdade, ele diz que eles são a mesma coisa. Ignatieff observa que essa "mesmidade" é o produto da experiência vivida e das coisas da vida cotidiana que os sérvios e os croatas têm em comum. Essa disjunção entre a unidade da identidade nacional (que enfatiza o coletivo "nós somos todos sérvios") e a vida cotidiana cria confusão para o soldado que parece se contradizer ao afirmar uma grande diferença entre os sérvios e os croatas e, ao mesmo tempo, uma grande similaridade – "somos todos lixo dos Bálcãs".

A identidade é marcada por meio de símbolos; por exemplo, pelos próprios cigarros que são fumados em cada lado.

Existe uma associação entre a identidade da pessoa e as coisas que uma pessoa usa. O cigarro funciona, assim, neste caso, como um significante importante da diferença e da identidade e, além disso, como um significante que é, com frequência, associado com a masculinidade (tal como na canção dos Rolling Stones, *"Satisfaction"*: "Bem, ele não pode ser um homem porque não fuma os mesmos cigarros que eu" *[Well he cant be a man 'cause he doesn't smoke the same cigarettes as me]*). O homem da milícia sérvia é explícito quanto a essa referência, mas menos direto quanto a outros significantes da identidade, tais como as associações com a sofisticação da cultura europeia (ele fala de "europeus finos"), da qual são, *ambos*, sérvios e croatas, excluídos, e a inferioridade da cultura balcânica que é, implicitamente, sugerida como sendo sua antítese. Isso estabelece uma outra oposição, pela qual aquilo que a cultura balcânica tem em comum é colocado em contraste com a cultura de outras partes da Europa. Assim, a construção da identidade é *tanto* simbólica *quanto* social. A luta para afirmar as diferentes identidades tem causas e consequências materiais: neste exemplo isso é visível no conflito entre os grupos em guerra e na turbulência e na desgraça social e econômica que a guerra traz.

Observe a frequência com que a identidade nacional é marcada pelo gênero. No nosso exemplo, as identidades nacionais produzidas são masculinas e estão ligadas a concepções militaristas de masculinidade. As mulheres não fazem parte desse cenário, embora existam, obviamente, outras posições nacionais e étnicas que acomodam as mulheres. Os homens tendem a construir posições-de-sujeito para as mulheres tomando a si próprios como ponto de referência. A única menção a mulheres, neste caso, é às "garotas" que eles "namoravam", ou melhor, que foram "namoradas" no passado, antes do surgimento do conflito. As mulheres são os significantes de uma identidade masculina partilhada, mas agora fragmentada e reconstruída, formando identidades nacionais distintas, opostas. Neste momento histórico específico, as diferenças entre os homens são maiores que quaisquer similaridades, uma vez que o foco está colocado nas identidades nacionais em conflito. A identidade é marcada pela diferença, mas parece que algumas diferenças – neste caso entre grupos étnicos – são vistas como mais importantes que outras, especialmente em lugares particulares e em momentos particulares.

Em outras palavras, a afirmação das identidades nacionais é historicamente específica. Embora se possa remontar as raízes das identidades nacionais em jogo na antiga Iugoslávia à história das comunidades que existiam no interior daquele território, o conflito entre elas surge em um momento particular. Nesse sentido, a emergência dessas diferentes identidades é histórica; ela está localizada em um ponto específico no tempo. Uma das formas pelas quais as identidades estabelecem suas reivindicações é por meio do apelo a antecedentes históricos. Os sérvios, os bósnios e os croatas tentam reafirmar suas identidades, supostamente perdidas, buscando-as no passado, embora, ao fazê-lo, eles possam estar realmente produzindo novas identidades. Por exemplo, os sérvios ressuscitaram e redescobriram a cultura sérvia dos guerreiros e dos contadores de histórias – os Guslars da Idade Média – como um elemento significativo de sua história, reforçando, por esse meio, suas atuais afirmações de identidade. Como escreve Ignatieff em outro local, "os senhores da guerra são importantíssimos nos Bálcãs; diz-se aos estrangeiros: 'vocês têm que compreender nossa história...' e vinte minutos mais tarde ainda estamos ouvindo histórias sobre o rei Lazar, os turcos e a batalha de Kosovo" (IGNATIEFF, 1993: 240). A reprodução desse passado, nesse ponto, sugere, entretanto, um momento de crise e não, como se poderia pensar, que haja algo estabelecido e fixo na construção da identidade sérvia. Aquilo que parece ser simplesmente um argumento sobre o passado e a reafirmação de uma verdade histórica pode nos dizer mais sobre a *nova* posição-de-sujeito do guerreiro do século XX que está tentando defender e afirmar o sentimento de separação e de distinção de sua identidade nacional no *presente* do que sobre aquele suposto passado. Assim, essa redescoberta do passado é parte do processo de *construção da identidade* que está ocorrendo neste exato momento e que, ao que parece, é caracterizado por conflito, contestação e uma possível crise.

Esta discussão da identidade nacional na antiga Iugoslávia levanta questões que podem ser formuladas de forma mais ampla, para fundamentar uma discussão mais geral sobre a identidade e a diferença:

> – Por que estamos examinando a questão da identidade neste exato momento? Existe mesmo uma *crise da identidade*? Caso a resposta seja afirmativa: por que isso ocorre?

> – Por que as pessoas *investem* em posições de identidade? Como se pode explicar esse investimento?

Na base da discussão sobre essas questões está a tensão entre perspectivas *essencialistas* e perspectivas *não essencialistas* sobre identidade. Uma definição essencialista da identidade "sérvia" sugeriria que existe um conjunto cristalino, autêntico, de características que *todos* os sérvios partilham e que não se altera ao longo do tempo. Uma definição não essencialista focalizaria as diferenças, assim como as características comuns ou partilhadas, tanto entre os próprios sérvios quanto entre os sérvios e outros grupos étnicos. Uma definição não essencialista prestaria atenção também às formas pelas quais a definição daquilo que significa ser um "sérvio" têm mudado ao longo dos séculos. Ao afirmar a primazia de uma identidade – por exemplo, a do sérvio – parece necessário não apenas colocá-la em oposição a uma outra identidade que é, então, desvalorizada, mas também reivindicar alguma identidade sérvia "verdadeira" autêntica, que teria permanecido igual ao longo do tempo. Mas é isso o que ocorre? A identidade é fixa?

Podemos encontrar uma "verdadeira" identidade? Seja invocando algo que seria inerente à pessoa, seja buscando sua "autêntica" fonte na história, a afirmação da identidade envolve necessariamente o apelo a alguma qualidade essencial? Existem alternativas, quando se trata de identidade e de diferença, à oposição binária "perspectivas essencialistas *versus* perspectivas não essencialistas"?

Para tratar dessas questões precisamos de explicações que possam esclarecer os conceitos centrais envolvidos nessa discussão, bem como de um quadro teórico que possa nos dar uma compreensão mais ampla dos processos que estão envolvidos na construção da identidade. Embora esteja centrada na questão da identidade nacional, a discussão de Michael Ignatieff ilustra diversos dos principais aspectos da identidade e da diferença em geral e sugere como podemos tratar algumas das questões analisadas neste capítulo:

1. Precisamos de conceitualizações. Para compreendermos como a identidade funciona, precisamos conceitualizá-la e dividi-la em suas diferentes dimensões.

2. Com frequência, a identidade envolve reivindicações *essencialistas* sobre quem pertence e quem não pertence a um determinado grupo identitário, nas quais a identidade é vista como fixa e imutável.

3. Algumas vezes essas reivindicações estão baseadas na natureza; por exemplo, em algumas versões da identidade étnica, na "raça" e nas relações de parentesco. Mais frequentemente, entretanto, essas reivindicações estão baseadas em alguma versão essencialista da história e do passado, na qual a história é construída ou representada como uma verdade imutável.

4. A identidade é, na verdade, relacional, e a diferença é estabelecida por uma *marcação simbólica* relativamente a outras identidades (na afirmação das identidades nacionais,

por exemplo, os sistemas representacionais que marcam a diferença podem incluir um uniforme, uma bandeira nacional ou mesmo os cigarros que são fumados).

5. A identidade está vinculada *também* a condições *sociais* e *materiais*. Se um grupo é simbolicamente marcado como o inimigo ou como tabu, isso terá efeitos reais porque o grupo será socialmente excluído e terá desvantagens materiais. Por exemplo, o cigarro marca distinções que estão presentes também nas relações sociais entre sérvios e croatas.

6. O *social* e o *simbólico* referem-se a dois processos diferentes, mas cada um deles é necessário para a construção e a manutenção das identidades. A marcação simbólica é o meio pelo qual damos sentido a práticas e a relações sociais, definindo, por exemplo, quem é excluído e quem é incluído. É por meio da diferenciação social que essas classificações da diferença são "vividas" nas relações sociais.

7. A conceitualização da identidade envolve o exame dos *sistemas classificatórios* que mostram como as relações sociais são organizadas e divididas; por exemplo, ela é dividida em ao menos dois grupos em oposição – "nós e eles", "sérvios e croatas".

8. Algumas diferenças são marcadas, mas nesse processo algumas diferenças podem ser obscurecidas; por exemplo, a afirmação da identidade nacional pode omitir diferenças de classe e diferenças de gênero.

9. As identidades não são unificadas. Pode haver contradições no seu interior que têm que ser negociadas; por exemplo, o miliciano sérvio parece estar envolvido em uma difícil negociação ao dizer que os sérvios e os croatas são os mesmos e, *ao mesmo tempo*, fundamentalmente diferentes. Pode haver discrepâncias entre o nível coletivo e o nível individual, tais como as que podem surgir entre as demandas coletivas da identidade nacional sérvia e as experiências cotidianas que os sérvios partilham com os croatas.

10. Precisamos, ainda, explicar por que as pessoas *assumem* suas posições de identidade e *se identificam com elas*. Por que as pessoas investem nas posições que os discursos da identidade lhes oferecem? O *nível psíquico* também deve fazer parte da explicação; trata-se de uma dimensão que, juntamente com a simbólica e a social, é necessária para uma completa conceitualização da identidade. Todos esses elementos contribuem para explicar como as identidades são formadas e mantidas.

1. Por que o conceito de identidade é importante?

Uma das discussões centrais sobre a identidade concentra-se na tensão entre o essencialismo e o não essencialismo. O essencialismo pode fundamentar suas afirmações tanto na história quanto na biologia; por exemplo, certos movimentos políticos podem buscar alguma certeza na afirmação da identidade apelando seja à "verdade" fixa de um passado partilhado seja a "verdades" biológicas. O corpo é um dos locais envolvidos no estabelecimento das fronteiras que definem quem nós somos, servindo de fundamento para a identidade – por exemplo, para a identidade sexual. É necessário, entretanto, reivindicar uma base biológica para a identidade sexual? A maternidade é outro exemplo no qual a identidade parece estar biologicamente fundamentada. Por outro lado, os movimentos étnicos ou religiosos ou nacionalistas frequentemente reivindicam uma cultura ou uma história comum como o fundamento de sua identidade. O essencialismo assume, assim, diferentes formas, como se demonstrou na discussão sobre a antiga Iugoslávia. É possível afirmar a identidade étnica ou nacional sem reivindicar uma história que possa ser recuperada para servir de base para uma identidade fixa? Que alternativas existem à estratégia de basear a identidade na certeza essencialista? Será que as identidades são fluidas e mutantes? Vê-las como fluidas e mutantes é compatível com a sustentação de um projeto político? Essas questões ilustram as tensões que existem entre as concepções construcionistas e as concepções essencialistas de identidade.

Para justificar por que estamos analisando o conceito de identidade, precisamos examinar a forma como a identidade se insere no "circuito da cultura"[1] bem como a forma como a

---

1. A autora refere-se ao esquema representado na Figura 2, desenvolvido por Paul du Gay, Stuart Hall, Linda Janes, Hugh Mackay e Keith Negus (1997). De acordo com as explicações da autora deste ensaio em sua introdução ao livro de onde ele foi extraído, *Identity and différence*, "no estudo cultural do Walkman como um artefato cultural, Paul du Gay e seus colegas argumentam que, para se obter uma plena compreensão de um texto ou artefato cultural, é necessário analisar os processos de representação, identidade, produção, consumo e regulação. Como se trata de um circuito, é possível começar em qualquer ponto; não se trata de um processo linear, sequencial. Cada momento do circuito está também inextricavelmente ligado a cada um dos outros, mas, no esquema, eles aparecem como separados para que possamos nos concentrai' em momentos específicos. A representação refere-se a sistemas simbólicos (textos ou imagens visuais, por exemplo) tais como os envolvidos na publicidade de um produto como o Walkman. Esses sistemas produzem significados sobre o tipo de pessoa que utiliza um tal artefato, isto é, produzem identidades que lhe estão associadas. Essas identidades e o artefato com o qual elas são associadas são produzidas, tanto técnica quanto culturalmente, para atingir os consumidores que comprarão o produto com o qual eles – é isso, ao menos, o que os produtos esperam – se identificarão. Um artefato cultural, tal como o Walkman, tem um efeito sobre a regulação da vida social, por meio das formas pelas quais ele é representado, sobre as identidades com ele associadas e sobre a articulação de sua produção e de seu consumo" [N.T.].

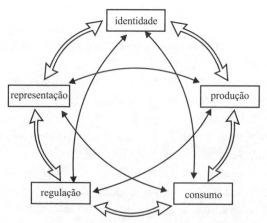

Figura 2 – O circuito da cultura, segundo Paul de Gay et al. (1997).

identidade e a diferença se relacionam com a discussão sobre a representação (HALL, 1997). Para compreender o que faz da identidade um conceito tão central, precisamos examinar as preocupações contemporâneas com questões de identidade em diferentes níveis. Na arena global, por exemplo, existem preocupações com as identidades nacionais e com as identidades étnicas; em um contexto mais "local", existem preocupações com a identidade pessoal como, por exemplo, com as relações pessoais e com a política sexual. Há uma discussão que sugere que, nas últimas décadas, estão ocorrendo mudanças no campo da identidade – mudanças que chegam ao ponto de produzir uma "crise da identidade". Em que medida o que está acontecendo hoje no mundo sustenta o argumento de que existe uma crise de identidade e o que significa fazer uma tal afirmação? Isso implica examinar a forma como as identidades são formadas e os processos que estão aí envolvidos. Implica também perguntar em que medida as identidades são fixas ou, de forma alternativa, fluidas e cambiantes. Começaremos a discussão com o lugar da identidade no "circuito da cultura".

1.1. Identidade e representação

Por que estamos examinando a identidade e a diferença? Ao examinar sistemas de representação é necessário analisar a relação entre cultura e significado (HALL, 1997). Só podemos compreender os significados envolvidos nesses sistemas se tivermos alguma ideia sobre quais posições-de-sujeito eles produzem e como nós, como sujeitos, podemos ser posicionados em seu interior. Aqui, estaremos tratando de um outro momento do "circuito da cultura": aquele em que o foco se desloca dos sistemas de representação para as *identidades* produzidas por aqueles sistemas.

A representação inclui as práticas de significação e os sistemas simbólicos por meio dos quais os significados são produzidos, posicionando-nos como sujeito. É por meio dos significados produzidos pelas representações que damos sentido à nossa experiência e àquilo que somos. Podemos inclusive sugerir que esses sistemas simbólicos tornam possível aquilo que somos e aquilo no qual podemos nos tornar. A representação, compreendida como um processo cultural, estabelece identidades individuais e coletivas e os sistemas simbólicos nos quais ela se baseia fornecem possíveis respostas às questões: Quem eu sou? O que eu poderia ser? Quem eu quero ser? Os discursos e os sistemas de representação constroem os lugares a partir dos quais os indivíduos podem se posicionar e a partir dos quais podem falar. Por exemplo, a narrativa das telenovelas e a semiótica da publicidade ajudam a construir certas identidades de gênero (GLEDHILL, 1997; Nixon, 1997). Em momentos particulares, as promoções de *marketing* podem construir novas identidades como, por exemplo, o "novo homem" das décadas de 1980 e de 1990, identidades das quais podemos nos apropriar e que podemos reconstruir para nosso uso. A mídia nos diz como devemos ocupar uma posição-de-sujeito particular – o adolescente "esperto", o trabalhador em ascensão ou a mãe sensível. Os anúncios só serão "eficazes" no seu objetivo de nos vender coisas se tiverem apelo para os consumidores e se fornecerem imagens com as quais eles possam se identificar. É claro, pois, que a produção de significados e a produção das identidades que são posicionadas nos (e pelos) sistemas de representação estão estreitamente vinculadas. O deslocamento, aqui, para uma ênfase na identidade é um deslocamento de ênfase – um deslocamento que muda o foco: da representação para as identidades.

A ênfase na representação e o papel-chave da cultura na produção dos significados que permeiam todas as relações sociais levam, assim, a uma preocupação com a *identificação* (NIXON, 1997). Esse conceito, que descreve o processo pelo qual nos identificamos com os outros, seja pela ausência de uma consciência da diferença ou da separação, seja como resultado de supostas similaridades, tem sua origem na psicanálise. A identificação é um conceito central na compreensão que a criança tem, na fase edipiana, de sua própria situação como um sujeito sexuado. O conceito de identificação tem sido retomado, nos Estudos Culturais, mais especificamente na teoria do cinema, para explicar a forte ativação de desejos inconscientes relativamente a pessoas ou a imagens, fazendo com que seja possível nos vermos na imagem ou na personagem apresentada na tela. Diferentes significados são produzidos por diferentes sistemas simbólicos, mas esses significados são contestados e cambiantes.

Pode-se levantar questões sobre o poder da representação e sobre como e por que alguns significados são preferidos relativamente a outros. Todas as práticas de significação que produzem significados envolvem relações de poder, incluindo o poder para definir quem é incluído e quem é excluído. A cultura molda a identidade ao dar sentido à experiência e ao tornar possível optar, entre as várias identidades possíveis, por um modo específico de subjetividade – tal como a da feminilidade loira e distante ou a da masculinidade ativa, atrativa e sofisticada dos anúncios do Walkman da Sony (DU GAY & HALL et al., 1997). Somos constrangidos, entretanto, não apenas pela gama de possibilidades que a cultura oferece, isto é, pela variedade de representações simbólicas, mas também pelas relações sociais. Como argumenta Jonathan Rutherford,

> "[...] a identidade marca o encontro de nosso passado com as relações sociais, culturais e econômicas nas quais vivemos agora [...] a identidade é a intersecção de nossas vidas cotidianas com as relações econômicas e políticas de subordinação e dominação" (RUTHERFORD, 1990: 19-20).

Os sistemas simbólicos fornecem novas formas de se dar sentido à experiência das divisões e desigualdades sociais e aos meios pelos quais alguns grupos são excluídos e estigmatizados. As identidades são contestadas. Este capítulo começou com um exemplo de identidades fortemente contestadas. A discussão sobre identidades sugere a emergência de novas posições e de novas identidades, produzidas, por exemplo, em circunstâncias econômicas e sociais cambiantes. As mudanças mencionadas anteriormente e enfatizadas no exemplo da antiga Iugoslávia sugerem que pode haver uma *crise de identidade*? Que mudanças podem estar ocorrendo nos níveis global, local e pessoal, que possam justificar o uso da palavra "crise"?

2. Existe uma crise de identidade?

Quase todo mundo fala agora sobre "identidade". A identidade só se torna um problema quando está em crise, quando algo que se supõe ser fixo, coerente e estável é deslocado pela experiência da dúvida e da incerteza (MERCER, 1990: 4).

"Identidade" e "crise de identidade" são palavras e ideias bastante utilizadas atualmente e parecem ser vistas por sociólogos e teóricos como características das sociedades contemporâneas ou da modernidade tardia. Já mostramos o exemplo de uma área no mundo, a antiga Iugoslávia, na qual se observa o ressurgimento de identidades étnicas e nacionais em conflito, fazendo com que as identidades existentes entrassem em colapso. Nesta seção, examinaremos uma série de diferentes contextos nos quais questões sobre identidade e crise de identidade se tornaram centrais. Examinaremos, assim, a globalização e os processos associados com mudanças globais, incluindo questões sobre história, mudança social e movimentos políticos.

Alguns autores recentes argumentam que as "crises de identidade" são características da modernidade tardia e que sua centralidade atual só faz sentido quando vistas no contexto das transformações globais que têm sido definidas como características da vida contemporânea (GIDDENS, 1990). Kevin Robins, por exemplo, argumenta que o fenômeno da *globalização* envolve uma extraordinária transformação. Segundo ele, as velhas estruturas dos estados e das comunidades nacionais entraram em colapso, cedendo lugar a uma crescente "transnacionalização da vida econômica e cultural" (ROBINS, 1997). A globalização envolve uma interação entre fatores econômicos e culturais, causando mudanças nos padrões de produção e consumo, as quais, por sua vez, produzem identidades novas e globalizadas. Essas novas identidades, caricaturalmente simbolizadas, às vezes, pelos jovens que comem hambúrgueres do McDonald's e que andam pela rua de Walkman, formam um grupo de "consumidores globais" que podem ser encontrados em qualquer lugar do mundo e que mal se distinguem entre si. O desenvolvimento global do capitalismo não é, obviamente, novo, mas o que caracteriza sua fase mais recente é a convergência de culturas e estilos de vida nas sociedades que, ao redor do mundo, são expostas ao seu impacto (ROBINS, 1991).

A globalização, entretanto, produz diferentes resultados em termos de identidade. A homogeneidade cultural promovida pelo mercado global pode levar ao distanciamento da identidade relativamente à comunidade e à cultura local. De forma alternativa, pode levar a uma resistência que pode fortalecer e reafirmar algumas identidades nacionais e locais ou levar ao surgimento de novas posições de identidade.

As mudanças na economia global têm produzido uma dispersão das demandas ao redor do mundo. Isso ocorre não apenas em termos de bens e serviços, mas também de mercados de trabalho. *A migração* dos trabalhadores não é, obviamente, nova, mas a globalização está estreitamente associada à aceleração da migração. Motivadas pela necessidade econômica, as pessoas têm se espalhado pelo globo, de forma que "a migração internacional é parte de uma revolução transnacional que está remodelando as sociedades e a política ao redor do globo" (CASTLES & MILLER; 1993: 5). A migração tem impactos tanto sobre o país de origem quanto sobre o país de destino. Por exemplo, como resultado do processo de imigração, muitas cidades europeias apresentam exemplos de comunidades e culturas diversificadas. Existem, na Grã-Bretanha, muitos desses exemplos, incluindo comunidades asiáticas em Bradford e Leicester, e partes de Londres, tais como Brixton, ou em St. Paul's, em Bristol. A migração produz identidades plurais, mas também identidades contestadas, em um processo que é caracterizado por grandes desigualdades. A migração é um processo característico da desigualdade em termos de desenvolvimento. Nesse processo, o fator de "expulsão" dos países pobres é mais forte do que o fator de "atração" das sociedades pós-industriais e tecnologicamente avançadas. O movimento global do capital é geralmente muito mais livre que a mobilidade do trabalho.

Essa dispersão das pessoas ao redor do globo produz identidades que são moldadas e localizadas em diferentes lugares e por diferentes lugares. Essas novas identidades podem ser desestabilizadas, mas também desestabilizadoras. O conceito de *diáspora* (GILROY, 1997) é um dos conceitos que nos permite compreender algumas dessas identidades – identidades que não têm uma "pátria" e que não podem ser simplesmente atribuídas a uma única fonte.

A noção de "identidade em crise" também serve para analisar a desestabilização que se seguiu ao colapso da ex-União

Soviética e do bloco comunista do Leste Europeu, causando a afirmação de novas e renovadas identidades étnicas e a busca por identidades supostamente perdidas. O colapso do comunismo, em 1989, na Europa do Leste e na ex-União Soviética, teve importantes repercussões no campo das lutas e dos compromissos políticos. O comunismo simplesmente deixava de existir como um ponto de referência na definição de posições políticas. Para preencher esse vazio, têm ressurgido na Europa Oriental e na ex-União Soviética formas antigas de identificação étnica, religiosa e nacional.

Já na Europa pós-colonial e nos Estados Unidos, tanto os povos que foram colonizados quanto aqueles que os colonizaram têm respondido à diversidade do multiculturalismo por meio de uma busca renovada de certezas étnicas. Seja por meio de movimentos religiosos, seja por meio do exclusivismo cultural, alguns grupos étnicos têm reagido à sua marginalização no interior das sociedades "hospedeiras" pelo apelo a uma enérgica reafirmação de suas identidades de origem. Essas contestações estão ligadas, em alguns países, a afiliações religiosas, tais como o islamismo na Europa e nos Estados Unidos e o catolicismo romano e o protestantismo na Irlanda do Norte. Por outro lado, os grupos dominantes nessas sociedades também estão em busca de antigas certezas étnicas – há, por exemplo, no Reino Unido, uma nostalgia por uma "inglesidade" mais culturalmente homogênea e, nos Estados Unidos, um movimento por um retorno aos "velhos e bons valores da família americana".

No Reino Unido, os movimentos nacionalistas têm lutado para afirmar sua identidade por meio da reivindicação de sua própria língua, como, por exemplo, no caso do Plaid Cymru, no País de Gales. Ao mesmo tempo que há a reafirmação de uma nova "identidade europeia", por meio do pertencimento à União Europeia, travam-se lutas pelo reconhecimento de identidades étnicas no interior dos antigos estados-nação, tais como a antiga Iugoslávia. Para lidar com a fragmentação do presente, algumas comunidades buscam retornar a um passado perdido, "ordenado [...] por lendas e paisagens, por histórias de eras de ouro, antigas tradições, por fatos heroicos e destinos dramáticos localizados em terras prometidas, cheias de paisagens e locais sagrados [...]" (DANIELS, 1993: 5).

O passado e o presente exercem um importante papel nesses eventos. A contestação no presente busca justificação para a criação de novas – e futuras – identidades nacionais, evocando origens, mitologias e fronteiras do passado. Os atuais conflitos estão, com frequência, concentrados nessas fronteiras, nas quais a identidade nacional é questionada e contestada. A desesperada produção de uma cultura sérvia unificada e homogênea, por exemplo, leva à busca de uma identidade nacional que corresponda a um local que seja percebido como o território e a "terra natal" dos sérvios. Mesmo que se possa argumentar que não existe nenhuma identidade fixa, sérvia ou croata, que remonte à Idade Média (MALCOLM, 1994) e que poderia ser agora ressuscitada, as pessoas envolvidas nesse processo comportam-se como se ela existisse e expressam um desejo pela restauração da unidade dessa *comunidade imaginada*. Benedict Anderson (1983) utiliza essa expressão para desenvolver o argumento de que a identidade nacional é inteiramente dependente da ideia que fazemos dela. Uma vez que não seria possível conhecer todas aquelas pessoas que partilham de nossa identidade nacional, devemos ter uma ideia partilhada sobre aquilo que a constitui. A diferença entre as diversas identidades nacionais reside, portanto, nas diferentes formas pelas quais elas são imaginadas.

No mundo contemporâneo, essas "comunidades imaginadas" estão sendo contestadas e reconstituídas. A ideia de uma identidade europeia, por exemplo, defendida por partidos políticos de extrema-direita, surgiu, recentemente, como uma reação à suposta ameaça do "Outro". Esse "Outro" muito frequentemente se refere a trabalhadores da África do Norte (Marrocos, Tunísia e Argélia), os quais são representados como uma ameaça cuja origem estaria no seu suposto fundamentalismo islâmico. Essa atitude é, cada vez mais, encontrada nas políticas oficiais de imigração da União Europeia (KING, 1995). Podemos vê-la como a projeção de uma nova forma daquilo que Edward Said (1978) chamou de "orientalismo" – a tendência da cultura ocidental a produzir um conjunto de pressupostos e representações sobre o "Oriente" que o constrói como uma fonte de fascinação e perigo, como exótico e, ao mesmo tempo, ameaçador. Said argumenta que as representações sobre o Oriente produzem um saber ocidental sobre ele – um fato que diz mais sobre os medos e as ansiedades ocidentais do que sobre a vida no Oriente e na África do Norte. As atuais construções do Oriente têm se concentrado num suposto fundamentalismo islâmico, o qual é construído – "demonizado" seria o termo mais apropriado – como a principal e nova ameaça às tradições liberais.

As mudanças e transformações globais nas estruturas políticas e econômicas no mundo contemporâneo colocam em relevo as questões de identidade e as lutas pela afirmação e manutenção das identidades nacionais e étnicas. Mesmo que o passado que as identidades atuais reconstroem seja, sempre, apenas imaginado, ele proporciona alguma certeza em um clima que é de mudança, fluidez e crescente incerteza. As identidades em conflito estão localizadas no interior de mudanças sociais, políticas e econômicas, mudanças para as quais elas contribuem. As identidades que são construídas pela cultura são contestadas sob formas particulares no mundo contemporâneo – num mundo que se pode chamar de pós-colonial. Este é um período histórico caracterizado, entretanto, pelo colapso das velhas certezas e pela produção de novas formas de posicionamento. O que é importante para nossos propósitos aqui é reconhecer que a luta e a contestação estão concentradas na construção cultural de identidades, tratando-se de um fenômeno que está ocorrendo em uma variedade de diferentes contextos. Enquanto, nos anos 70 e 80, a luta política era descrita e teorizada em termos de ideologias em conflito, ela se caracteriza agora, mais provavelmente, pela competição e pelo conflito entre as diferentes identidades, o que tende a reforçar o argumento de que existe uma crise de identidade no mundo contemporâneo.

2.1. *Histórias*

Os conflitos nacionais e étnicos parecem ser caracterizados por tentativas de recuperar e reescrever a história, como vimos no exemplo da antiga Iugoslávia. A afirmação política das identidades exige alguma forma de autenticação. Muito frequentemente, essa autenticação é feita por meio da reivindicação da história do grupo cultural em questão. Esta seção estará concentrada nas questões implicadas nesse processo. Pode-se perguntar, primeiramente: existe uma verdade histórica única que possa ser recuperada? Pensemos sobre o passado que a indústria que explora uma suposta herança inglesa reproduz por meio da venda de mansões que representariam uma história passada autenticamente inglesa. Pensemos também nas representações que a mídia faz desse presumido e autêntico passado como, por exemplo, nos filmes baseados nos romances de Jane Austen. Há um passado inglês autêntico e único que possa ser utilizado para sustentar e definir a "inglesidade" como sendo a identidade do final do século XX? A "indústria" da herança parece apresentar apenas uma e única versão. Em segundo lugar, qual é a história que pesa – a história de quem? Pode haver diferentes histórias. Se existem diferentes versões do passado, como nós negociamos entre elas? Uma das versões do passado é aquela que mostra a Grã-Bretanha como um poder imperial, como um poder que exclui as experiências e as histórias daqueles povos que a Grã-Bretanha colonizou. Uma história alternativa questionaria essa descrição, mostrando a diversidade desses grupos étnicos e a pluralidade dessas culturas. Tendo em vista essa pluralidade de posições, qual herança histórica teria validade? Ou seríamos levados a uma posição relativista, na qual todas as diferentes versões teriam uma validade igual, mas separada? Ao celebrar a diferença, entretanto, não haveria o risco de obscurecer a comum opressão econômica na qual esses grupos estão profundamente envolvidos? S.P. Mohanty utiliza a oposição entre "história" e "histórias" para argumentar que a celebração da diferença poderia levar a ignorar a natureza estrutural da opressão:

> A pluralidade é, pois, um ideal político tanto quanto um *slogan* metodológico. Mas há uma questão incômoda que precisa ser resolvida. Como podemos negociar entre minha história e a sua? Como seria possível para nós recuperar aquilo que temos em comum, não o mito humanista dos atributos humanos que partilharíamos e que supostamente nos distinguiriam dos animais, mas, de forma mais importante, a intersecção de nossos vários passados e nossos vários presentes, as inevitáveis relações entre significados partilhados e significados contestados, entre valores e recursos materiais? É preciso afirmar nossas densas peculiaridades, nossas diferenças vividas e imaginadas. Mas podemos nos permitir deixar de examinar a questão de como nossas diferenças estão entrelaçadas e, na verdade, hierarquicamente organizadas? Podemos nós, em outras palavras, realmente nos permitir ter histórias inteiramente diferentes, podemos nos conceber como vivendo – e tendo vivido – em espaços inteiramente heterogêneos e separados? (MOHANTY, 1989: 13).

As histórias são realmente contestadas e isso ocorre, sobretudo, na luta política pelo reconhecimento das identidades. Em seu ensaio "Identidade cultural e diáspora" (1990), Stuart Hall examina diferentes concepções de identidade cultural, procurando analisar o processo pelo qual se busca autenticar uma determinada identidade por meio da descoberta de um passado supostamente comum.

Ao afirmar uma determinada identidade, podemos buscar legitimá-la por referência a um suposto e autêntico passado – possivelmente um passado glorioso, mas, de qualquer forma, um passado que parece "real" – que poderia validar a identidade que reivindicamos. Ao expressar demandas pela identidade no presente, os movimentos nacionalistas, seja na antiga União Soviética seja na Europa Oriental, ou ainda na Escócia ou no País de Gales, buscam a validação do passado em termos de território, cultura e local. Stuart Hall analisa o conceito de "identidade cultural", utilizando o exemplo das identidades da diáspora negra, baseando-se, empiricamente, na representação cinematográfica.

Nesse ensaio, Hall toma como seu ponto de partida a questão de quem e o que nós representamos quando falamos. Ele argumenta que o sujeito fala, sempre, a partir de uma posição histórica e cultural específica. Hall afirma que há duas formas diferentes de se pensar a identidade cultural. A primeira reflete a perspectiva já discutida neste capítulo, na qual uma determinada comunidade busca recuperar a "verdade" sobre seu passado na "unicidade" de uma história e de uma cultura partilhadas que poderiam, então, ser representadas, por exemplo, em uma forma cultural como o filme, para reforçar e reafirmar a identidade – no caso da indústria da herança, a "inglesidade"; no exemplo de Hall, a "caribenhidade". A segunda concepção de identidade cultural é aquela que a vê como "uma questão tanto de 'tornar-se' quanto de 'ser'". Isso não significa negar que a identidade tenha um passado, mas reconhecer que, ao reivindicá-la, nós a reconstruímos e que, além disso, o passado sofre uma constante transformação. Esse passado é parte de uma "comunidade imaginada", uma comunidade de sujeitos que se apresentam como sendo "nós". Hall argumenta em favor do reconhecimento da identidade, mas não de uma identidade que esteja fixada na rigidez da oposição binária, tal como as dicotomias "nós/eles", ou "sérvios/croatas", no exemplo de Ignatieff. Ele sugere que, embora seja construído por meio da diferença, o significado não é fixo, e utiliza, para explicar isso, o conceito de *différance* de Jacques Derrida. Segundo esse autor, o significado é sempre diferido ou adiado; ele não é completamente fixo ou completo, de forma que sempre existe algum deslizamento. A posição de Hall enfatiza a fluidez da identidade. Ao ver a identidade como uma questão de "tornar-se", aqueles que reivindicam a identidade não se limitariam a ser posicionados pela identidade: eles seriam capazes de posicionar a si próprios e de reconstruir e transformar as identidades históricas, herdadas de um suposto passado comum.

2.2. Mudanças sociais

Não estão ocorrendo mudanças apenas nas escalas global e nacional e na arena política. A formação da identidade ocorre também nos níveis "local" e pessoal. As mudanças globais na economia como, por exemplo, as transformações nos padrões de produção e de consumo e o deslocamento do investimento das indústrias de manufatura para o setor de serviços têm um impacto local. Mudanças na estrutura de classe social constituem uma característica dessas mudanças globais e locais.

As crises globais da identidade têm a ver com aquilo que Ernesto Laclau chamou de *deslocamento*. As sociedades modernas, ele argumenta, não têm qualquer núcleo ou centro determinado que produza identidades fixas, mas, em vez disso, uma pluralidade de centros. Houve um deslocamento dos centros. Pode-se argumentar que um dos centros que foi deslocado é o da classe social, não a classe como uma simples função da organização econômica e dos processos de produção, mas a classe como um determinante de todas as outras relações sociais: a classe como a categoria "mestra", que é como ela é descrita nas análises marxistas da estrutura social. Laclau argumenta que não existe mais uma única força, determinante e totalizante, tal como a classe no paradigma marxista, que molde todas as relações sociais, mas, em vez disso, uma multiplicidade de centros. Ele sugere não somente que a luta de classes não é inevitável, mas que não é mais possível argumentar que a emancipação social esteja nas mãos de uma única classe. Laclau argumenta que isso tem implicações positivas porque esse deslocamento indica que há muitos e diferentes lugares a partir dos quais novas identidades podem emergir e a partir dos quais novos sujeitos podem se expressar (LACLAU, 1990: 40). As vantagens desse deslocamento da classe social podem ser ilustradas pela relativa diminuição da importância das afiliações baseadas na classe, tais como os sindicatos operários e o surgimento de outras arenas de conflito social, tais como as baseadas no gênero, na "raça", na etnia ou na sexualidade.

Os indivíduos vivem no interior de um grande número de diferentes instituições, que constituem aquilo que Pierre Bourdieu chama de "campos sociais", tais como as famílias, os grupos de colegas, as instituições educacionais, os grupos de trabalho ou partidos políticos. Nós participamos dessas instituições ou "campos sociais", exercendo graus variados de escolha e autonomia, mas cada um deles tem um contexto material e, na verdade, um espaço e um lugar, bem como um conjunto de recursos simbólicos. Por exemplo, a casa é o espaço no qual muitas pessoas vivem suas identidades familiares. A casa é também um dos lugares nos quais somos espectadores das representações pelas quais a mídia produz determinados tipos de identidades – por exemplo, por meio da narrativa das telenovelas, dos anúncios e das técnicas de venda. Embora possamos nos ver, seguindo o senso comum, como sendo a "mesma pessoa" em todos os nossos diferentes encontros e interações, não é difícil perceber que somos diferentemente posicionados, em diferentes momentos e em diferentes lugares, de acordo com os diferentes papéis sociais que estamos exercendo (HALL, 1997). Diferentes contextos sociais fazem com que nos envolvamos em diferentes significados sociais. Consideremos as diferentes "identidades" envolvidas em diferentes ocasiões, tais como participar de uma entrevista de emprego ou de uma reunião de pais na escola, ir a uma festa ou a um jogo de futebol, ou ir a um centro comercial. Em todas essas situações, podemos nos sentir, literalmente, como sendo a mesma pessoa, mas nós somos, na verdade, diferentemente posicionados pelas diferentes expectativas e restrições sociais envolvidas em cada uma dessas diferentes situações, representando-nos, diante dos outros, de forma diferente em cada um desses contextos. Em um certo sentido, somos posicionados – e também posicionamos a nós mesmos – de acordo com os "campos sociais" nos quais estamos atuando.

Existe, em suma, na vida moderna, uma diversidade de posições que nos estão disponíveis – posições que podemos ocupar ou não. Parece difícil separar algumas dessas identidades e estabelecer fronteiras entre elas. Algumas dessas identidades podem, na verdade, ter mudado ao longo do tempo. As formas como representamos a nós mesmos – como mulheres, como homens, como pais, como pessoas trabalhadoras – têm mudado radicalmente nos últimos anos. Como indivíduos, podemos passar por experiências de fragmentação nas nossas relações pessoais e no nosso trabalho. Essas experiências são vividas no contexto de mudanças sociais e históricas, tais como mudanças no mercado de trabalho e nos padrões de emprego. As identidades e as lealdades políticas também têm sofrido mudanças: lealdades tradicionais, baseadas na classe social, cedem lugar à concepção de escolha de "estilos de vida" e à emergência da "política de identidade". A etnia e a "raça", o gênero, a sexualidade, a idade, a incapacidade física, a justiça social e as preocupações ecológicas produzem novas formas de identificação. As relações familiares também têm mudado, especialmente com o impacto das mudanças na estrutura do emprego. Tem havido mudanças também nas práticas de trabalho e na produção e consumo de bens e serviços. É igualmente notável a emergência de novos padrões de vida doméstica, o que é indicado pelo crescente número de lares chefiados por pais solteiros ou por mães solteiras bem como pelas taxas elevadas de divórcio. As identidades sexuais também estão mudando, tornando-se mais questionadas e ambíguas, sugerindo mudanças e fragmentações que podem ser descritas em termos de uma crise de identidade.

A complexidade da vida moderna exige que assumamos diferentes identidades, mas essas diferentes identidades podem estar em conflito. Podemos viver, em nossas vidas pessoais, tensões entre nossas diferentes identidades quando aquilo que é exigido por uma identidade interfere com as exigências de uma outra. Um exemplo é o conflito existente entre nossa identidade como pai ou mãe e nossa identidade como assalariado/a. As demandas de uma interferem com as demandas da outra e, com frequência, se contradizem. Para ser um "bom pai" ou uma "boa mãe", devemos estar disponíveis para nossos filhos, satisfazendo suas necessidades, mas nosso empregador também pode exigir nosso total comprometimento. A necessidade de ir a uma reunião de pais na escola do filho ou da filha pode entrar em conflito com a exigência de nosso empregador para que trabalhemos até mais tarde.

Outros conflitos surgem das tensões entre as expectativas e as normas sociais. Por exemplo, espera-se que as mães sejam heterossexuais. Identidades diferentes podem ser construídas como "estranhas" ou "desviantes". Audre Lorde escreve: "Como uma mãe – feminista socialista, lésbica, negra, de 49 anos – de duas crianças, incluindo um menino, e como membro de um casal inter-racial, com muita frequência vejo-me como pertencendo a um grupo definido como estranho, desviante ou inferior ou simplesmente errado" (1992: 47). Pode parecer que algumas dessas identidades se refiram principalmente a aspectos pessoais da vida, tal como a sexualidade. Entretanto, a forma como vivemos nossas identidades sexuais é mediada pelos significados culturais sobre a sexualidade que são produzidos por meio de sistemas dominantes de representação. Independentemente de como Lorde decida afirmar sua identidade, por exemplo como mãe, sua escolha é constrangida pelos discursos dominantes sobre a heterossexualidade e pela hostilidade frequentemente vivida por mães lésbicas. Lorde cita uma gama de diferentes contextos nos quais sua identidade é construída ou negociada – seria melhor dizer "suas identidades".

Todo contexto ou campo cultural tem seus controles e suas expectativas, bem como seu "imaginário"; isto é, suas promessas de prazer e realização. Como sugere Lorde, os pressupostos sobre heterossexualidade e os discursos racistas negam a algumas famílias o acesso a esse "imaginário". Isso ilustra a relação entre o social e o simbólico. É possível sermos socialmente excluídos da forma que Lorde descreve e não sermos simbolicamente marcados como diferentes? Toda prática social é simbolicamente marcada. As identidades são diversas e cambiantes, tanto nos contextos sociais nos quais elas são vividas quanto nos sistemas simbólicos por meio dos quais damos sentido a nossas próprias posições.

Uma ilustração disso é o surgimento dos chamados "novos movimentos sociais", os quais têm se concentrado em lutas em torno da identidade. Eles têm se caracterizado por efetuarem o apagamento das fronteiras entre o pessoal e o político, para adaptar o *slogan* feminista.

2.3. Os *"novos movimentos sociais": o pessoal é político*

De acordo com Jeffrey Weeks, tem havido um

> ativo repensar da política, sob o impacto dos novos movimentos sociais e da política de identidade da geração passada, com suas lutas em torno da raça e da etnia, do gênero, da política lésbica e gay, do ambientalismo e da política do HIV e da Aids (WEEKS, 1994: 4).

Esses "novos movimentos sociais" emergiram no Ocidente nos anos 60 e, especialmente, após 1968, com a rebelião estudantil, o ativismo pacifista e antibélico e as lutas pelos direitos civis. Eles desafiaram o *establishment* e suas hierarquias burocráticas, questionando principalmente as políticas "revisionistas" e "estalinistas" do bloco soviético e as limitações da política liberal ocidental. As lealdades políticas tradicionais, baseadas na classe social, foram questionadas por movimentos que atravessam as divisões de classe e se dirigiam às identidades particulares de seus sustentadores. Por exemplo, o feminismo se dirigia especificamente às mulheres, o movimento dos direitos civis dos negros às pessoas negras e a política sexual às pessoas lésbicas e gays. A política de identidade era o que definia esses movimentos sociais, marcados por uma preocupação profunda pela identidade: o que ela significa, como ela é produzida e como é contestada. A política de identidade concentra-se em afirmar a identidade cultural das pessoas que pertencem a um determinado grupo oprimido ou marginalizado. Essa identidade torna-se, assim, um fator importante de mobilização política. Essa política envolve a celebração da singularidade cultural de um determinado grupo, bem como a análise de sua opressão específica. Pode-se apelar à identidade, entretanto, de duas formas bastante diferentes.

Por um lado, a celebração da singularidade do grupo, que é a base da solidariedade política, pode se traduzir em afirmações essencialistas. Por exemplo, tomando como base a identidade e as qualidades singulares das mulheres, alguns grupos feministas têm argumentado em favor de um separatismo relativamente aos homens. Existem, obviamente, diferentes formas de compreender e definir essa "singularidade". Ela pode envolver apelos a características biologicamente dadas da identidade como, por exemplo, a afirmação de que o papel biológico das mulheres como mães as torna inerentemente mais altruístas e pacíficas. Ou pode se basear em apelos à história quando, por exemplo, as mulheres buscam estabelecer uma história exclusiva das mulheres, reivindicando, nos países de fala inglesa, uma "herstory" (DALY, 1979), que os homens teriam reprimido. Isso implicaria, segundo esse argumento, a existência de uma cultura exclusiva das mulheres – haveria, ao longo da história, algo fixo e imutável na posição das mulheres que se aplicaria igualmente a todas elas, como uma espécie de verdade trans-histórica (JEFFREYS, 1985).

Os aspectos essencialistas da política de identidade podem ser ilustrados pelas visões de algumas das participantes dos acampamentos do Movimento pela Paz, de Greenham[2].

---

2. Refere-se ao grupo de mulheres que organizou, em agosto-setembro de 1981, uma demonstração de protesto contra a decisão da Otan (Organização do Tratado do Atlântico Norte) de armazenar mísseis nucleares na base aérea estadunidense de Greenham Common, na Inglaterra. Após ter caminhado cerca de 50 quilômetros, desde Cardiff no País de Gales, até a base de Greenham Commom, situada em Bekshire, Inglaterra, o grupo de mulheres acampou próximo ao portão principal da base [N.T.].

Algumas participantes daquela campanha contra os mísseis teleguiados afirmavam representar as características essencialmente femininas da preocupação com o outro e do pacifismo. Outras criticaram essa posição como um "conformismo com o princípio maternal que faz parte da construção social do papel da mulher, um princípio que o feminismo deveria questionar" (DELMAR, 1986: 12). De forma similar, em uma tentativa de questionar as afirmações de que a homossexualidade é anormal ou imoral, tem-se apelado a discursos científicos que confirmariam que a identidade gay é biologicamente determinada.

Por outro lado, alguns dos "novos movimentos sociais", incluindo o movimento das mulheres, têm adotado uma posição não essencialista com respeito à identidade. Eles têm enfatizado que as identidades são fluidas, que elas não são essências fixas, que elas não estão presas a diferenças que seriam permanentes e valeriam para todas as épocas (WEEKS, 1994). Alguns membros dos "novos movimentos sociais" têm reivindicado o direito de construir e assumir a responsabilidade de suas próprias identidades. Por exemplo, as mulheres negras têm lutado pelo reconhecimento de sua própria pauta de luta no interior do movimento feminista, resistindo, assim, aos pressupostos de um movimento de mulheres baseado na categoria unificada de "mulher" que, implicitamente, inclui apenas as mulheres brancas (AZIZ, 1992).

Alguns elementos desses movimentos têm questionado, particularmente, duas concepções que pressupõem o caráter fixo da identidade. A primeira está baseada na classe social, constituindo o chamado "reducionismo de classe". Essa concepção baseia-se na análise que Marx fez da relação entre base e superestrutura, na qual as relações sociais são vistas como determinadas pela base material da sociedade, argumentando-se, assim, que as posições de gênero podem ser "deduzidas" das posições de classe social. Embora essa análise tenha o apelo de uma relativa simplicidade e da ênfase na importância dos fatores econômicos materiais como determinantes centrais das posições sociais, as mudanças sociais recentes colocam essa visão em questão. Mudanças econômicas tais como o declínio das indústrias de manufatura pesada e as transformações na estrutura do mercado de trabalho abalam a própria definição de classe operária, a qual, tradicionalmente, supõe operários masculinos, industriais e de tempo integral. As identidades baseadas na "raça", no gênero, na sexualidade e na incapacidade física, por exemplo, atravessam o pertencimento de classe. O reconhecimento da complexidade das divisões sociais pela política de identidade, na qual a "raça", a etnia e o gênero são centrais, tem chamado a atenção para outras divisões sociais, sugerindo que não é mais suficiente argumentar que as identidades podem ser deduzidas da posição de classe (especialmente quando essa própria posição de classe está mudando) ou que as formas pelas quais elas são representadas têm pouco impacto sobre sua definição. Como argumenta Kobena Mercer: "Em termos políticos, as identidades estão em crise porque as estruturas tradicionais de pertencimento, baseadas nas relações de classe, no partido e na nação-estado, têm sido questionadas" (MERCER, 1992: 424). A política de identidade tem a ver com o recrutamento de sujeitos por meio do processo de formação de identidades. Esse processo se dá tanto pelo apelo às identidades hegemônicas – o consumidor soberano, o cidadão patriótico – quanto pela resistência dos "novos movimentos sociais", ao colocar em jogo identidades que não têm sido reconhecidas, que têm sido mantidas "fora da história" (ROWBOTHAM, 1973) ou que têm ocupado espaços às margens da sociedade.

O segundo desafio de alguns dos "novos movimentos sociais" tem consistido em questionar o essencialismo da identidade e sua fixidez como algo "natural", isto é, como uma categoria biológica. A política de identidade não "é uma luta entre sujeitos naturais; é uma luta em favor da própria expressão da identidade, na qual permanecem abertas as possibilidades para valores políticos que podem validar tanto a diversidade quanto a solidariedade" (WEEKS, 1994: 12). Weeks argumenta que uma das principais contribuições da política de identidade tem sido a de construir uma política da diferença que subverte a estabilidade das categorias biológicas e a construção de oposições binárias. Ele argumenta que os "novos movimentos sociais" historicizaram a experiência, enfatizando as diferenças entre grupos marginalizados como uma alternativa à "universalidade" da opressão.

Isso ilustra duas versões do essencialismo identitário. A primeira fundamenta a identidade na "verdade" da tradição e nas raízes da história, fazendo um apelo à "realidade" de um passado possivelmente reprimido e obscurecido, no qual a identidade proclamada no presente é revelada como um produto da história. A segunda está relacionada a uma categoria "natural", fixa, na qual a "verdade" está enraizada na biologia. Cada uma dessas versões envolve uma crença na existência e na busca de uma identidade verdadeira. O essencialismo pode, assim, ser biológico e natural, ou histórico e cultural. De qualquer modo, o que eles têm em comum é uma concepção *unificada* de identidade.

2.4. Sumário da seção 2

Nossa discussão apresentou visões diferentes e frequentemente contraditórias sobre a identidade. Por um lado, a identidade é vista como tendo algum *núcleo essencial* que distinguiria um grupo de outro. Por outro, a identidade é vista como *contingente;* isto é, como o produto de uma intersecção de diferentes componentes, de discursos políticos e culturais e de histórias particulares. A identidade contingente coloca problemas para os movimentos sociais em termos de projetos políticos, especialmente ao afirmar a solidariedade daqueles que pertencem àquele movimento específico. Para nos contrapor às negações sociais dominantes de uma determinada identidade, podemos desejar recuar, por exemplo, às aparentes certezas do passado, a fim de afirmar a força de uma identidade coerente e unificada. Como vimos no caso das identidades nacionais e étnicas, é tentador – em um mundo cada vez mais fragmentado e em resposta ao colapso de um conjunto determinado de certezas – afirmar novas verdades fundamentais e apelar a raízes anteriormente negadas. Assim, em uma política de identidade, o projeto político deve certamente ser reforçado por algum apelo à solidariedade daqueles que "pertencem" a um grupo oprimido ou marginalizado. A biologia fornece uma das fontes dessa solidariedade; a busca universal, trans-histórica, de raízes e laços culturais fornece uma outra.

As identidades são produzidas em momentos particulares no tempo. Na discussão sobre mudanças globais, identidades nacionais e étnicas ressurgentes e renegociadas e sobre os desafios dos "novos movimentos sociais" e das novas definições das identidades pessoais e sexuais, sugeri que as identidades são contingentes, emergindo em momentos históricos particulares. Alguns elementos dos "novos movimentos sociais" questionam algumas das tendências à fixação das identidades da "raça", da classe, do gênero e da sexualidade, subvertendo certezas biológicas, enquanto outros afirmam a primazia de certas características consideradas essenciais.

Argumentei, nesta seção, que a identidade importa porque existe uma crise da identidade, globalmente, localmente, pessoalmente e politicamente. Os processos históricos que, aparentemente, sustentavam a fixação de certas identidades estão entrando em colapso e novas identidades estão sendo forjadas, muitas vezes por meio da luta e da contestação política. As dimensões políticas da identidade tais como se expressam, por exemplo, nos conflitos nacionais e étnicos e no crescimento dos "novos movimentos sociais", estão fortemente baseadas na construção da diferença.

Como vimos no exemplo de Ignatieff, no início deste capítulo, as identidades são fortemente questionadas. Também vimos que, muito frequentemente, elas estão baseadas em uma dicotomia do tipo "nós e eles". A marcação da diferença é crucial no processo de construção das posições de identidade. A diferença é reproduzida por meio de sistemas simbólicos (envolvendo até mesmo os cigarros fumados pelos lados em conflito, no exemplo de Ignatieff). A antropóloga Mary Douglas argumenta que a marcação da diferença é a base da cultura porque as coisas – e as pessoas – ganham sentido por meio da atribuição de diferentes posições em um *sistema classificatório* (HALL, 1997b). Isso nos leva à próxima questão deste capítulo: por meio de quais processos os significados são produzidos e de que forma a diferença é marcada em relação à identidade?

3. Como a diferença é marcada em relação à identidade?

3.1. Sistemas classificatórios

As identidades são fabricadas por meio da marcação da diferença. Essa marcação da diferença ocorre tanto por meio de sistemas *simbólicos* de representação quanto por meio de formas de exclusão *social*. A identidade, pois, não é o oposto da diferença: a identidade *depende* da diferença. Nas relações sociais, essas formas de diferença – a simbólica e a social – são estabelecidas, ao menos em parte, por meio de *sistemas classificatórios*. Um sistema classificatório aplica um princípio de diferença a uma população de uma forma tal que seja capaz de dividi-la (e a todas as suas características) em ao menos dois grupos opostos – nós/eles (por exemplo, servos e croatas); eu/outro. Na argumentação do sociólogo francês

Émile Durkheim, é por meio da organização e ordenação das coisas de acordo com sistemas classificatórios que o significado é produzido. Os sistemas de classificação dão ordem à vida social, sendo afirmados nas falas e nos rituais. De acordo com o argumento de Durkheim, em *As formas elementares da vida religiosa*, "sem símbolos, os sentimentos sociais teriam uma existência apenas precária" (DURKHEIM, 1954/1912, apud ALEXANDER, 1990).

Utilizando a religião como um modelo de como os processos simbólicos funcionam, ele mostrou que as relações sociais são produzidas e reproduzidas por meio de rituais e símbolos, os quais classificam as coisas em dois grupos: as sagradas e as profanas. Não existe nada inerentemente ou essencialmente "sagrado" nas coisas. Os artefatos e ideias são sagrados apenas porque são simbolizados e representados como tais. Ele sugeriu que as representações que se encontram nas religiões "primitivas" – tais como os fetiches, as máscaras, os objetos rituais e os totêmicos – eram considerados sagrados porque corporificavam as normas e os valores da sociedade, contribuindo, assim, para unificá-la culturalmente. Segundo Durkheim, se quisermos compreender os significados partilhados que caracterizam os diferentes aspectos da vida social, temos que examinar como eles são classificados simbolicamente. Assim, o pão que é comido em casa é visto simplesmente como um elemento da vida cotidiana, mas, quando especialmente preparado e partido na mesa da comunhão, torna-se sagrado, podendo simbolizar o corpo de Cristo. A vida social em geral, argumentava Durkheim, é estruturada por essas tensões entre o sagrado e o profano e é por meio de rituais como, por exemplo, as reuniões coletivas dos movimentos religiosos ou as refeições em comum, que o sentido é produzido. É nesses momentos que ideias e valores são cognitivamente apropriados pelos indivíduos:

A religião é algo eminentemente social. As representações religiosas são representações coletivas que expressam realidades coletivas; os ritos são uma maneira de agir que ocorre quando os grupos se reúnem, sendo destinados a estimular, manter ou recriar certos estados mentais nesses grupos (DURKHEIM, apud BOCOCK & THOMPSON, 1985: 42).

O sagrado, aquilo que é "colocado à parte", é definido e marcado como diferente em relação ao profano. Na verdade, o sagrado está em oposição ao profano, excluindo-o inteiramente. As formas pelas quais a cultura estabelece fronteiras e distingue a diferença são cruciais para compreender as identidades. A diferença é aquilo que separa uma identidade da outra, estabelecendo distinções, frcquentemente na forma de oposições, como vimos no exemplo da Bósnia, no qual as identidades são construídas por meio de uma clara oposição entre "nós" e "eles". A marcação da diferença é, assim, o componente-chave em qualquer sistema de classificação.

Cada cultura tem suas próprias e distintivas formas de classificar o mundo. É pela construção de sistemas classificatórios que a cultura nos propicia os meios pelos quais podemos dar sentido ao mundo social e construir significados. Há, entre os membros de uma sociedade, um certo grau de consenso sobre como classificar as coisas a fim de manter alguma ordem social. Esses sistemas partilhados de significação são, na verdade, o que se entende por "cultura":

> [...] a cultura, no sentido dos valores públicos, padronizados, de uma comunidade, serve de intermediação para a experiência dos indivíduos. Ela fornece, antecipadamente, algumas categorias básicas, um padrão positivo, pelo qual as ideias e os valores são higienicamente ordenados. E, sobretudo, ela tem autoridade, uma vez que cada um é induzido a concordar por causa da concordância dos outros (DOUGLAS, 1966: 38-39).

O trabalho da antropóloga social Mary Douglas desenvolve o argumento durkheimiano de que a cultura, na forma do ritual, do símbolo e da classificação, é central à produção do significado e da reprodução das relações sociais (DU GAY, HALL et al., 1997; HALL, 1997b). Para Douglas, esses rituais se estendem a todos os aspectos da vida cotidiana: a preparação de alimentos, a limpeza, o desfazer-se de coisas – tudo, desde a fala até a comida. No restante desta seção, vamos explorar um pouco mais a centralidade da classificação para a cultura e a significação, utilizando o exemplo cotidiano da comida.

O antropólogo social francês Claude Lévi-Strauss propôs-se a desenvolver esse aspecto do trabalho de Durkheim e utilizou o exemplo da comida para ilustrar esse processo. A cozinha estabelece uma identidade entre nós – como seres humanos (isto é, nossa cultura) – e nossa comida (isto é, a natureza). A cozinha é o meio universal pelo qual a natureza é transformada em cultura. A cozinha é também uma linguagem por meio da qual "falamos" sobre nós próprios e sobre nossos lugares no mundo. Talvez possamos adaptar a frase de Descartes e dizer "como, logo existo". Como organismos biológicos, precisamos de comida para sobreviver na natureza, mas nossa sobrevivência como seres humanos depende do uso das categorias sociais que surgem das classificações culturais que utilizamos para dar sentido à natureza.

Aquilo que comemos pode nos dizer muito sobre quem somos e sobre a cultura na qual vivemos. A comida é um meio pelo qual as pessoas podem fazer afirmações sobre si próprias. Ela também pode sugerir mudanças ao longo do tempo bem como entre culturas. Podemos pensar na enorme variedade de ingredientes que estão hoje disponíveis nos supermercados e também na diversidade étnica dos restaurantes nas grandes cidades do mundo e mesmo em pequenas cidades – bares que servem *tapas* espanholas e restaurantes tailandeses e indianos são apenas alguns dos exemplos que podem ser citados. Para Lévi-Strauss, é também a forma como *organizamos* a comida que importa – o que conta como prato principal, como sobremesa etc.; o que é cozido ou o que é cru. O consumo de alimentos pode indicar quão ricas ou cosmopolitas as pessoas são, bem como sua posição religiosa e étnica. O consumo de alimentos tem uma dimensão política. As pessoas podem se recusar a comer os produtos de países particulares, em um boicote que expresse a desaprovação das políticas daquele país: os produtos da África do Sul antes do fim do *apartheid*; os alimentos da França, em protesto pelos testes nucleares franceses no Pacífico. Certas identidades podem se definir apenas com base no fato de que as pessoas em questão comem alimentos orgânicos ou de que são vegetarianas. As fronteiras que estabelecem o que é comestível podem estar mudando e as práticas alimentares são, cada vez mais, construídas de acordo com critérios políticos, morais ou ecológicos. O consumo de alimentos tem também uma conexão material: as pessoas só podem comer aquilo que elas podem comprar ou que está disponível em uma sociedade particular. A análise das práticas de alimentação e dos rituais associados com o consumo de alimentos sugere que, ao menos em alguma medida, "nós somos o que comemos". Na verdade, se consideramos as coisas que, por uma razão ou outra, nós *não* comemos, talvez a afirmação mais exata seja a de que "nós somos o que não comemos". Existem proibições culturais fundamentais contra o consumo de certos alimentos. Existe também uma divisão básica entre o comestível e o não comestível que vai além das distinções entre o nutritivo e o venenoso. Isso pode assumir diferentes formas como, por exemplo, a proibição de bebidas alcoólicas e de carne de porco pelos muçulmanos ou a proibição de alimentos não kosher pelos judeus. Mas, em todos os casos, a proibição distingue as identidades daqueles que estão incluídos em um sistema particular de crenças daqueles que estão fora dele. Constroem-se oposições entre vegetarianos e carnívoros, entre consumidores de alimentos integrais e consumidores de alimentos considerados pouco saudáveis.

Na análise de Lévi-Strauss, a comida é não apenas "boa para comer", mas também "boa para pensar". Com isso, ele quer dizer que a comida é portadora de significados simbólicos e pode atuar como significante. Para Lévi-Strauss, o ato de cozinhar representa a típica transformação da natureza em cultura. Com base nesse argumento, ele analisou as estruturas subjacentes dos mitos e dos sistemas de crença, argumentando que eles se expressam por meio daquilo que ele chama de "triângulo culinário". Todo alimento, argumenta ele, pode ser dividido de acordo com este esquema classificatório (Figura 1):

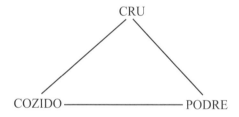

Figura 1: O triângulo culinário de Lévi-Strauss (forma primária)
(Fonte: baseado em Leach, 1974, p. 30).

Lévi-Strauss argumenta que, da mesma forma que nenhuma sociedade humana deixa de ter uma língua, nenhuma sociedade humana tampouco deixa de ter uma cozinha (isto é, alguns meios para se transformar alimento cru em alimento cozido). O alimento cozido é aquele alimento cru que foi transformado por meios culturais. O alimento podre é o alimento cru que foi transformado por meios naturais.

Lévi-Strauss identifica os diferentes processos de cozimento que ilustram essas transformações. Assar – que envolve exposição direta às chamas (que é o agente de conversão), sem a mediação de qualquer aparato cultural ou do ar ou da água – é a posição neutra. Cozer envolve água, reduz o alimento cru a um estado que é similar à decomposição do apodrecimento natural e exige algum tipo de recipiente.

A defumação não exige mediação cultural. Ela envolve a adição prolongada de ar, mas não de água. O alimento assado é o alimento festivo preparado para celebrações, enquanto o alimento cozido é mais utilizado no consumo cotidiano e pode ser dado às crianças, aos doentes e aos velhos. O esquema de Lévi-Strauss pode parecer complicado e até mesmo um pouco forçado. Entretanto, em termos gerais, as análises estruturalistas de Lévi-Strauss têm sido extremamente influentes, e este exemplo é útil para chamar a atenção para a importância cultural do alimento: "São as convenções da sociedade que decretam o que é alimento e o que não é, e que tipo de alimento deve ser comido em quais ocasiões" (LEACH, 1974: 32). E o papel do alimento na construção de identidades e a mediação da cultura na transformação do natural que é importante nesse desvio que fizemos pelos caminhos da cozinha.

Outro aspecto importante da teorização de Lévi-Strauss é sua análise de como a cultura classifica os alimentos em comestíveis e não comestíveis. É por meio dessa distinção e de outras diferenças que a ordem social é produzida e mantida. Como argumenta Mary Douglas:

> Separar, purificar, demarcar e punir transgressões têm como sua principal função impor algum tipo de sistema a uma experiência inerentemente desordenada. É apenas exagerando a diferença entre o que está dentro e o que está fora, acima e abaixo, homem e mulher, a favor e contra, que se cria a aparência de alguma ordem (DOUGLAS, 1966: 4).

Isso sugere que a ordem social é mantida por meio de oposições binárias, tais como a divisão entre "locais" (*insi-*

ders) e "forasteiros" (*outsiders*). A produção de categorias pelas quais os indivíduos que transgridem são relegados ao *status* de "forasteiros", de acordo com o sistema social vigente, garante um certo controle social. A classificação simbólica está, assim, intimamente relacionada à ordem social. Por exemplo, o criminoso é um "forasteiro" cuja transgressão o exclui da sociedade convencional, produzindo uma identidade que, por estar associada com a transgressão da lei, é vinculada ao perigo, sendo separada e marginalizada. A produção da identidade do "forasteiro" tem como referência a identidade do "habitante do local". Como foi sugerido no exemplo das identidades nacionais, uma identidade é sempre produzida em relação a uma outra. Douglas sugere, utilizando o exemplo dos dias da semana, que nós só podemos saber o significado de uma palavra por meio de sua relação com uma outra. Nossa compreensão dos conceitos depende de nossa capacidade de vê-los como fazendo parte de uma sequência. Aplicar esses conceitos à vida social prática, ou organizar a vida cotidiana de acordo com esses princípios de classificação e de diferença, envolve, muito frequentemente, um comportamento social repetido ou ritualizado, isto é, um conjunto de práticas simbólicas partilhadas:

> Os dias da semana, com sua sequência regular, seus nomes e sua singularidade, além de seu valor prático na identificação das divisões do tempo, têm, cada um deles, um significado que faz parte de um padrão. Cada dia tem seu próprio significado e se existem hábitos que marcam a identidade de um dia particular, essas observâncias regulares têm o efeito do ritual. O domingo não é apenas um dia de descanso. É o dia que vem antes da segunda-feira... Em um certo sentido, não podemos experimentar a terça-feira se por alguma razão não tivermos formalmente notado que passamos pela segunda-feira. Passar por uma parte do padrão é um ato necessário para se estar consciente da próxima parte (DOUGLAS, 1966: 64).

Douglas utiliza o exemplo da poluição e, em particular, de nossa percepção sobre o que conta como "sujo". Segundo ela, nossas concepções sobre "sujeira" são "compostas de duas coisas: cuidado com a higiene e respeito pelas convenções" (p. 7). Ela argumenta que a sujeira ofende a ordem, mas que não existe nada que se possa chamar de sujeira absoluta. A sujeira é "matéria fora de lugar". Não vemos nada de errado com a terra que encontramos no jardim, mas ela "não está no lugar certo" quando a encontramos no tapete da sala. Nossos esforços para retirar a sujeira não são movimentos simplesmente negativos, mas tentativas positivas para organizar o ambiente – para excluir a matéria que esteja fora de lugar e purificar, assim, o ambiente. Ela argumenta ainda que "uma reflexão sobre a sujeira envolve uma reflexão sobre a relação entre ordem e desordem, o ser e o não ser, o formado e o informado, a vida e a morte" (p. 5). Assim, as categorias do limpo e do não limpo, tal como as distinções entre "forasteiros" e "locais", são produtos de sistemas culturais de classificação cujo objetivo é a criação da ordem.

Poderíamos afirmar, talvez, que esses teóricos tendem a exagerar o papel do simbólico às custas do material. Afinal, ao considerar os alimentos que as pessoas comem e aqueles que elas evitam, é também importante tratar das restrições materiais. Há alimentos que você gostaria de comer, mas pode não ter o dinheiro para comprá-los. Historicamente, a escolha dos alimentos tem se desenvolvido no contexto de sua escassez ou de sua superabundância relativas. Nossa escolha dos alimentos – quando temos alguma escolha – desenvolve-se também em contextos econômicos particulares. Embora essas restrições econômicas e materiais possam ser muito importantes, elas não enfraquecem necessariamente o argumento sobre a centralidade dos sistemas simbólicos ou classificatórios. O "gosto" não é simplesmente determinado pela disponibilidade ou não de recursos materiais. Os fatores econômicos sozinhos – sem a cultura – não são determinantes. Mary Douglas argumenta que, no interior de uma sociedade com as mesmas restrições econômicas, cada casa "desenvolve um padrão regular de horários de alimentação, de bebida e comida para as crianças, de bebida e comida para os homens, de comida festiva e comida cotidiana" (1982: 85). Seja lá qual for o nível relativo de pobreza ou riqueza, a bebida atua como um marcador de gênero da "identidade pessoal e das fronteiras da inclusão e da exclusão" (p. 85). Existem proibições que impedem que as mulheres tomem "bebidas fortes", mas os homens da mesma classe e do mesmo grupo de rendimento são julgados, em contextos particulares (Douglas cita os homens que trabalham nos portos, mas seria possível pensar em muitos outros exemplos), "de acordo com a maneira correta ou errada como eles carregam sua bebida" (DOUGLAS, 1987: 8).

Os sistemas de alimentação estão, assim, sujeitos às classificações do processo de ordenação simbólica bem como às distinções de gênero, idade e classe. Existem, obviamente, diferenças de classe social em nosso gosto pela comida. Como argumenta Pierre Bourdieu (1984), certos alimentos são associados com as mulheres ou com os homens, de acordo com a classe social. O peixe é percebido como impróprio para os homens da classe operária, sendo visto como "comida leve", mais apropriada para as crianças e os inválidos. Recentes campanhas promocionais da indústria de carne bovina britânica, planejadas para conter qualquer tendência ao vegetarianismo, parece confirmar isso, ao sugerir que somente os fracos comem vegetais e peixes ("Homens verdadeiros comem carne"; "Os homens precisam de carne"). As ansiedades sobre os riscos do consumo de carne bovina britânica, desde a crise da "vaca louca", podem, entretanto, prejudicar esse tipo de campanha. Bourdieu argumenta que o corpo se desenvolve por meio de uma inter-relação entre a localização de classe do indivíduo e o gosto. O gosto é definido pelas formas pelas quais os indivíduos se apropriam de escolhas e preferências que são o produto de restrições materiais e daquilo que ele chama de *habitus*.

Esta seção analisou algumas das formas pelas quais as culturas fornecem sistemas classificatórios, estabelecendo fronteiras simbólicas entre o que está incluído e o que está excluído, definindo, assim, o que constitui uma prática culturalmente aceita ou não. Essa classificação ocorre, como vimos, por meio da marcação da *diferença* entre categorias. Examinaremos, na próxima seção, a importância particular da diferença na construção de significados e, portanto, de identidades.

3.2. A diferença

Ao analisar como as identidades são construídas, sugeri que elas são formadas relativamente a outras identidades, relativamente ao "forasteiro" ou ao "outro", isto é, relativamente ao que não é. Essa construção aparece, mais comumente, sob a forma de oposições binárias. A teoria linguística saussureana sustenta que as oposições binárias – a forma mais extrema de marcar a diferença – são essenciais para a produção do significado (HALL, 1997a). Esta seção analisará a questão da diferença, especialmente a sua produção por meio de oposições binárias. Essa concepção de diferença é fundamental para se compreender o processo de construção cultural das identidades, tendo sido adotada por muitos dos "novos movimentos sociais" anteriormente discutidos. A diferença pode ser construída negativamente – por meio da exclusão ou da marginalização daquelas pessoas que são definidas como "outros" ou forasteiros. Por outro lado, ela pode ser celebrada como fonte de diversidade, heterogeneidade e hibridismo, sendo vista como enriquecedora: é o caso dos movimentos sociais que buscam resgatar as identidades sexuais dos constrangimentos da norma e celebrar a diferença (afirmando, por exemplo, que "sou feliz em ser gay").

Uma característica comum à maioria dos sistemas de pensamento parece ser, portanto, um compromisso com os dualismos pelos quais a diferença se expressa em termos de oposições cristalinas – natureza/cultura, corpo/mente, paixão/razão. As autoras e os autores que criticam a oposição binária argumentam, entretanto, que os termos em oposição recebem uma importância diferencial, de forma que um dos elementos da dicotomia é sempre mais valorizado ou mais forte que o outro. Assim, Derrida argumenta que a relação entre os dois termos de uma oposição binária envolve um desequilíbrio necessário de poder entre eles.

Uma das mais frequentes e dominantes dicotomias é, como vimos no exemplo de Lévi-Strauss, a que existe entre natureza e cultura. A escritora feminista francesa Hélène Cixous adota o argumento de Derrida sobre a distribuição desigual de poder entre os dois termos de uma oposição binária, mas concentra-se nas divisões de gênero e argumenta que essa oposição de poder também é a base das divisões sociais, especialmente daquela que existe entre homens e mulheres:

> O pensamento sempre
> funcionou por oposição.
> Fala/Escrita
> Alto/Baixo...
> Isso significa alguma coisa?
> (CIXOUS, 1975: 90).

Cixous argumenta que não se trata apenas do fato de que o pensamento é construído em termos de oposições binárias, mas que nesses dualismos um dos termos é sempre valorizado mais que o outro: um é a norma e o outro é o "outro" – visto como "desviante ou de fora". Se pensamos a cultura em termos de "alto" e "baixo"; que tipos de atividade associamos com "alta cultura"? Ópera, balé, teatro? Que atividades são identificadas, de forma estereotipada, como sendo de "baixa cultura"? Telenovelas, música popular? Esse é um terreno polêmico e uma dicotomia bastante questionável nos Estudos Culturais, mas o argumento consiste em enfatizar que os dois membros dessas divisões não recebem peso igual e, em particular, que essas divisões estão relacionadas com o gênero.

Cixous dá outros exemplos de oposições binárias, perguntando de que forma elas estão relacionadas com o gênero e especialmente com a posição das mulheres no dualismo em questão:

> *Onde está ela?*
> Atividade/passividade,
> Sol/Lua,
> Cultura/Natureza,
> Dia/Noite,
> Pai/Mãe,
> Cabeça/coração,
> Inteligível/sensível,
> Homem/Mulher
> (p. 90).

Cixous sugere que as mulheres estão associadas com a natureza e não com a cultura, com o "coração" e as emoções e não com a "cabeça" e a racionalidade. A tendência para classificar o mundo em uma oposição entre princípios masculinos e femininos, identificada por Cixous, está de acordo com as análises estruturalistas baseadas em Saussure, as quais veem o contraste como um princípio da estrutura linguística (HALL, 1997a). Mas, enquanto para Saussure essas oposições binárias estão ligadas à lógica subjacente de toda linguagem e de todo pensamento, para Cixous a força psíquica dessa duradoura estrutura de pensamento deriva de uma rede histórica de determinações culturais.

Quão inevitáveis são essas oposições? São elas parte da lógica de pensamento e da linguagem como Saussure e estruturalistas tais como Lévi-Strauss parecem sugerir? Ou são elas impostas à cultura, como parte do processo de exclusão? Estão essas dicotomias organizadas para desvalorizar um dos elementos? Tal como feministas como, por exemplo, Simone de Beauvoir e, mais recentemente, Luce Irigaray, têm argumentado, é por meio desses dualismos que as mulheres são construídas como "outras", de forma que as mulheres são apenas aquilo que os homens não são, como ocorre na teoria psicanalítica lacaniana. Podem as mulheres ser diferentes dos homens sem serem opostas a eles? Irigaray utiliza o exemplo da sexualidade para argumentar que as mulheres e os homens têm sexualidades diferentes mas não opostas (IRIGARAY, 1985). Entretanto, a identificação das mulheres com a natureza e dos homens com a cultura tem um lugar bem estabelecido na teoria antropológica.

Henrietta Moore sugere que a antropologia tem sido importante para desestabilizar categorias unitárias tais como a de "mulher", especialmente por causa de sua ênfase na diversidade intercultural. As desigualdades têm sido tratadas, na antropologia, a partir de duas perspectivas. Em primeiro lugar, tem-se argumentado que a desigualdade de gênero está ligada à tendência a identificar as mulheres com a natureza e os homens com a cultura (a oposição fundamental, aquela que Lévi-Strauss toma como base da vida social). A segunda posição centra-se nas estruturas sociais: aqui as mulheres são identificadas com a arena privada da casa e das relações pessoais e os homens com a arena pública do comércio, da produção e da política. A evidência antropológica mostra, entretanto, que a divisão entre natureza e cultura não é universal. O questionamento que Moore faz à oposição binária entre natureza e cultura, em sua relação com a oposição entre mulheres e homens, possibilita analisar as especificidades da diferença.

Esta seção discutiu as oposições binárias, um elemento essencial da linguística saussureana adotada pelo estruturalismo de Lévi-Strauss. Ela também tratou das críticas desses dualismos como, por exemplo, a de Derrida. O questionamento que Derrida faz das oposições binárias sugere que a própria dicotomia é um dos meios pelos quais o significado é fixado. É por meio dessas dicotomias que o pensamento, especialmente no pensamento europeu, tem garantido a permanência das relações de poder existentes. Derrida questionou as visões estruturalistas de Saussure e Lévi-Strauss, sugerindo que o significado está presente como um "traço"; a relação entre significado e significante não é algo fixo. O significado é produzido por meio de um processo de diferimento ou adiamento, o qual Derrida chama de *différance*. O que parece determinado é, pois, na verdade, fluido e inseguro, sem nenhum ponto de fechamento. O trabalho de Derrida sugere uma alternativa ao fechamento e à rigidez das oposições binárias. Em vez de fixidez, o que existe é contingência. O significado está sujeito ao deslizamento. Cixous desenvolve essa crítica, mas enfatizando, diferentemente de Derrida, as relações de poder ligadas ao gênero.

3.3. Sumário da seção 3

Os sistemas classificatórios por meio dos quais o significado é produzido dependem de sistemas sociais e simbólicos. As percepções e a compreensão da mais material das necessidades são construídas por meio de sistemas simbólicos, os quais distinguem o sagrado do profano, o limpo do sujo e o cru do cozido. Os sistemas classificatórios são, assim, construídos, sempre, em torno da diferença e das formas pelas quais as diferenças são marcadas. Nossa discussão procurou teorizar as formas pelas quais os sistemas simbólicos e sociais atuam para produzir identidades, isto é, para produzir posições que podem ser assumidas, enfatizando as dimensões sociais e simbólicas da identidade. Esta seção buscou demonstrar que a diferença é marcada em relação à identidade. Analisamos também o pensamento que se baseia em oposições binárias tais como natureza/cultura e sexo/gênero. Mostramos que os termos que formam esses dualismos recebem, na verdade, pesos desiguais, estando estreitamente vinculados a relações de poder. Esta seção também buscou questionar a perspectiva de que adotar uma posição política e defender ou reivindicar uma posição de identidade necessariamente envolve um apelo à autenticidade e à verdade enraizadas na biologia. Discutimos também as possíveis alternativas a esse essencialismo, argumentando em favor de um reconhecimento da posicionalidade e de uma política de localização que, como argumenta Henrietta Moore, inclui diferenças de "raça", classe, sexualidade, etnia e religião entre as mulheres.

A diferença é marcada por representações simbólicas que atribuem significado às relações sociais, mas a exploração da diferença não nos diz por que as pessoas investem nas posições que elas investem nem por que existe esse investimento pessoal na identidade. Descrevemos alguns dos processos envolvidos na construção das posições de identidade, mas não explicamos *por que* as pessoas assumem essas identidades. Voltamo-nos agora para a última grande questão deste capítulo.

4. Por que investimos nas identidades?

4.1. Identidade e subjetividade

Os termos "identidade" e "subjetividade" são, às vezes, utilizados de forma intercambiável. Existe, na verdade, uma considerável sobreposição entre os dois. "Subjetividade" sugere a compreensão que temos sobre o nosso eu. O termo envolve os pensamentos e as emoções conscientes e inconscientes que constituem nossas concepções sobre "quem nós somos". A subjetividade envolve nossos sentimentos e pensamentos mais pessoais. Entretanto, nós vivemos nossa subjetividade em um contexto social no qual a linguagem e a cultura dão significado à experiência que temos de nós mesmos e no qual nós adotamos uma identidade. Quaisquer que sejam os conjuntos de significados construídos pelos discursos, eles só podem ser eficazes se eles nos recrutam como sujeitos. Os sujeitos são, assim, sujeitados ao discurso e devem, eles próprios, assumi-lo como indivíduos que, dessa forma, se posicionam a si próprios. As posições que assumimos e com as quais nos identificamos constituem nossas identidades. A subjetividade inclui as dimensões inconscientes do eu, o que implica a existência de contradições, como vimos no exemplo das tentativas do soldado sérvio para reconciliar sua experiência cotidiana com as mudanças políticas. A subjetividade pode ser tanto racional quanto irracional. Podemos ser – ou gostaríamos de ser – pessoas de cabeça fria, agentes racionais, mas estamos sujeitos a forças que estão além de nosso controle. O conceito de subjetividade permite uma exploração dos sentimentos que estão envolvidos no processo de produção da identidade e do investimento pessoal que fazemos em posições específicas de identidade. Ele nos permite explicar as razões pelas quais nós nos apegamos a identidades particulares.

A fim de explorar um pouco mais algumas das ideias sobre subjetividade e identidade, gostaria de analisar um poema que é parte de uma série sobre a questão da adoção de crianças. A poeta negra Jackie Kay, ela própria adotada, explora seus próprios sentimentos sobre a questão da adoção, em uma série de poemas intitulada *Documentos de adoção* (1991), utilizando uma série de diferentes "vozes" (por exemplo, a voz da mãe natural e a da mãe adotiva). Esse poema está escrito na voz da primeira pessoa de uma mulher que quer adotar um bebê e expressa seus sentimentos relativamente aos discursos da maternidade, os quais são aqui apresentados como parte de pressupostos culturais partilhados, em particular sobre o que se espera de uma "boa mãe". Inicialmente, Jackie Kay descreve sua experiência ao se inscrever em várias instituições de adoção, em suas tentativas para adotar uma criança:

A primeira instituição a que fui
não queria nos colocar na sua lista
não morávamos suficientemente próximos
nem frequentávamos qualquer igreja
(mas nos calamos sobre o fato de que éramos comunistas).
A segunda nos disse que nossa renda não era suficientemente alta.
A terceira gostou de nós
mas tinham uma lista de espera de cinco anos.
Passei seis meses tentando não olhar
para balanços nem para carrinhos de bebê,
para não pensar que essa criança que eu queria
poderia ter agora cinco anos.
A quarta instituição estava com as vagas esgotadas.
A sexta disse sim, mas, de novo, não havia nenhum bebê.
Quando eu já estava na porta,
Eu disse olha a gente não liga pra cor.
E foi assim que, de repente, a espera acabou.

O poema continua, descrevendo a visita que a instituição de adoção fez à casa da futura mãe adotiva e as preparações que a mãe – branca – faz a fim de se apresentar – e à sua casa – sob o ângulo mais favorável possível, considerando-se suas ansiedades sobre não ser vista como o tipo certo de mãe:

Achei que tinha escondido tudo,
que não tinha deixado à vista
nada que pudesse me denunciar.

Botei Marx, Engels, Lenin (nenhum Trotsky)
no armário da cozinha – ela não ia
conferir os panos de prato, isso era certo.
Os exemplares do *Diário Operário*
Eu botei embaixo da almofada do sofá,
a pomba da paz eu tirei do banheiro.

Tirei da cozinha
Um pôster de Paul Robeson
que dizia: deem-lhe seu passaporte.

Deixei uma pilha de Burn,
meus contos policiais
e as Obras Completas de Shelley.

Ela chegou às 11:30 exatamente.
Servi-lhe café nas minhas
novas xícaras de louça húngara
e tolamente rezei pra ela
não perguntar de onde vinham.
Francamente, esse bebê
está me subindo à cabeça.
Ela cruza as pernas no sofá
Ouço na minha cabeça o ruído
do *Diário Operário* embaixo dela

Bem, diz ela, você tem uma casa interessante.
Ela vê minhas sobrancelhas se erguerem.
É diferente, acrescenta ela.

Droga, eu tinha gastado toda a manhã
tentando fazer com que parecesse uma casa comum,
uma casa adorável para o bebê.

Ela abotoa seu casaco toda sorrisos.
Fico pensando: agora
vamos para o *tour* da casa.

Mas assim que chegamos ao último canto
o olho dela cai em cima ao mesmo tempo que o meu
de uma fileira de vinte distintivos pela paz mundial.

Claro como uma foice e um martelo na parede.
Ah, diz ela, você é contra armas nucleares?

Azar, seja o que Deus quiser. Com bebê ou sem bebê.
Sim, eu digo Sim. Sim, sim, sim.
Gostaria que esse bebê vivesse em um mundo sem perigo
nuclear.

Ah! Seus olhos se acendem.
Também sou a favor da paz, diz ela,
e se senta pra mais uma xícara de café
(KAY, 1991: 14-16).

Em casos de adoção, tornamo-nos agudamente conscientes sobre o que constitui identidades maternais ou paternais socialmente aceitáveis. Existe, aqui, um reconhecimento claro sobre a existência de uma identidade maternal. Que sentimentos essa mãe/poeta traz para esses discursos sobre maternidade? Que posição de identidade ela quer assumir? Que outras identidades estão envolvidas? Quais são as identidades que estão, aqui, em conflito? Como são elas negociadas? Quais são as contradições entre a subjetividade e a identidade, apresentadas no poema?

O poema de Kay indica algumas das formas pelas quais as identidades sociais são construídas bem como as formas pelas quais nós as negociamos. Este poema ilustra as diferentes identidades, mas, de forma crucial, uma delas em particular, que a mãe/poeta reconhece como tendo predominância cultural: a da "boa" mãe, da mãe "normal", tem uma ressonância particularmente forte nesse caso. Trata-se de uma identidade que ela parece assumir, embora ela esteja consciente de que está em conflito com outras identidades, especialmente sua identidade política, associada, nesse caso, com suas preferências políticas de esquerda. A futura mãe vivencia um conflito psíquico, mas há um final feliz. O pacifismo parece, afinal, ser algo aceitável nesse caso. Dar um final feliz ao poema pode ser apenas uma licença poética, mas também sugere que encontrar uma identidade pode ser um meio de resolver um conflito psíquico e uma expressão de satisfação do desejo – se é que essa resolução é possível. O poema também indica as formas pelas quais as identidades mudam ao longo do tempo. Isso é mostrado por um símbolo historicamente específico, o jornal comunista *O Diário Operário*, que também representa tudo que pode ser indesejável em possíveis pais e mães adotivos.

Entretanto, há também a sugestão de que os tempos estão mudando, tornando aceitável que a identidade maternal possa incluir uma posição política – neste caso, uma posição pacifista. Trata-se de uma identidade maternal na qual o sujeito (a mãe/poeta) pode fazer um investimento e com a qual ela pode se comprometer. Embora ela represente, perante a inspetora de adoção, um papel que ela vê como necessário para a simulação de uma identidade maternal aceitável, ela não é *interpelada* por essa posição-de-sujeito, mas por uma posição que se conforma com sua posição política. "Interpelação" é o termo utilizado por Louis Althusser (1971) para explicar a forma pela qual os sujeitos – ao se reconhecerem como tais: "sim, esse sou eu" – são recrutados para ocupar certas posições-de-sujeito. Esse processo se dá no nível do inconsciente e é uma forma de descrever como os indivíduos acabam por adotar posições-de-sujeito particulares. É uma forma de incorporar a dimensão psicanalítica, a qual não se limita a descrever sistemas de significado, mas tenta explicar por que posições particulares são assumidas. Os fatores sociais podem explicar uma construção particular de maternidade, especialmente a de "boa mãe", neste momento histórico, mas não explicam qual o investimento que os indivíduos fazem em posições particulares e os apegos que eles desenvolvem por essas posições.

4.2. Dimensões psicanalíticas

Althusser desenvolveu sua teoria da subjetividade no contexto de um paradigma marxista que buscava trazer algumas das contribuições da psicanálise e da linguística estrutural para o materialismo marxista. O trabalho de Althusser foi extremamente importante para a revisão do modelo marxista baseado nas noções de base e de superestrutura. Nesse modelo, a base é definida como a fundação material, econômica, da sociedade. De acordo com essa perspectiva, essa base econômica determina as relações sociais, as instituições políticas e as formações ideológicas. Althusser também reformulou o conceito de ideologia inicialmente elaborado por Marx. Em seu ensaio sobre "a ideologia e os aparelhos ideológicos de Estado", Althusser (1971) enfatiza o papel da ideologia na reprodução das relações sociais, destacando os rituais e as práticas institucionais envolvidos nesse processo. Ele concebe as ideologias como sistemas de representação, fazendo uma complexa análise de como os processos ideológicos funcionam e de como os sujeitos são recrutados pelas ideologias, mostrando que a subjetividade pode ser explicada em termos de estruturas e práticas sociais e simbólicas. Para Althusser, o sujeito não é a mesma coisa que a pessoa humana, mas uma categoria simbolicamente construída: "A ideologia [...] 'recruta' sujeitos entre os indivíduos [...] ou 'transforma' os indivíduos em sujeitos [...] por esta operação muito precisa a chamei de interpelação" (1971: 146). Esse processo de interpelação nomeia e, ao mesmo tempo, posiciona o sujeito que é, assim, reconhecido e produzido por meio de práticas e processos simbólicos. Ocupar uma posição-de-sujeito determinada como, por exemplo, a de cidadão patriótico, não é uma questão simplesmente de escolha pessoal consciente; somos, na verdade, recrutados para aquela posição ao reconhecê-la por meio de um sistema de representação. O investimento que nela fazemos é, igualmente, um elemento central nesse processo.

A teoria marxista enfatiza o papel do substrato material, das relações de produção e da ação coletiva, especialmente da solidariedade de classe, na formação das identidades sociais, em vez da autonomia individual ou da autodeterminação. Os fatores materiais não podem, entretanto, explicar totalmente o investimento que os sujeitos fazem em posições de identidade. Teorizações pós-marxistas como, por exemplo, o ensaio de Althusser, enfatizam os sistemas simbólicos, sugerindo que os sujeitos são também recrutados e produzidos não apenas no nível do consciente, mas também no nível do *inconsciente*. Para desenvolver sua teoria da subjetividade, Althusser baseou-se na versão da psicanálise freudiana feita por Lacan.

O que distingue a teoria da psicanálise de Freud e a teorização posterior de Lacan de outras teorias psicológicas é o lugar que elas concedem ao conceito de inconsciente. O inconsciente, de acordo com a psicanálise, é formado de fortes desejos, frequentemente insatisfeitos, que surgem da intervenção do pai na relação entre o filho ou a filha e sua mãe. Ele está enraizado em desejos insatisfeitos, em desejos que foram reprimidos, de forma que o conteúdo do inconsciente torna-se censurado pela mente consciente, passando a ser-lhe inacessível. Entretanto, esses desejos reprimidos acabam encontrando alguma forma de expressão como, por exemplo, por meio de sonhos e enganos (lapsos freudianos). O inconsciente pode ser, assim, conhecido, embora não por um acesso direto. A tarefa do psicanalista consiste em descobrir suas verdades e ler sua linguagem. O inconsciente é o repositório dos desejos reprimidos, não obedecendo às leis da mente consciente: ele tem uma energia independente e segue uma lógica própria. Como argumenta Lacan (1977), ele é estruturado como uma linguagem. Ao dar primazia a essa concepção do inconsciente, Lacan caracteriza-se como um seguidor de Freud, mas faz uma radical reformulação das teorias freudianas, ao enfatizar o simbólico e a linguagem no desenvolvimento da identidade.

A "descoberta" do inconsciente, de uma dimensão psíquica que funciona de acordo com suas próprias leis e com uma lógica muito diferente da lógica do pensamento consciente do sujeito racional, tem tido um considerável impacto sobre as teorias da identidade e da subjetividade. A ideia de um conflito entre os desejos da mente inconsciente e as demandas das forças sociais, tais como elas se expressam naquilo que Freud chamou de supereu, tem sido utilizada para explicar comportamentos aparentemente irracionais e o investimento que os sujeitos podem ter em ações que podem ser vistas como inaceitáveis por outros, talvez até mesmo pelo eu consciente do sujeito. Podemos estar muito bem informados sobre um determinado domínio da vida social, mas mesmo assim acabamos nos comportando contra nossos melhores interesses. Apaixonamo-nos pelas pessoas erradas, gastamos dinheiro que não temos, deixamos de nos candidatar a empregos que poderíamos conseguir e nos candidatamos para empregos para os quais não temos qualquer chance. Chegamos até mesmo ao ponto de realizar ações que podem ameaçar nossas vidas apenas para afirmar uma determinada identidade. Sentimos emoções ambivalentes – raiva para com as pessoas que amamos e, algumas vezes, desejo por pessoas que nos oprimem. A psicanálise freudiana fornece um meio de vincular comportamentos aparentemente irracionais como esses à repressão e a necessidades e desejos inconscientes. Em vez de um todo unificado, a psique compreende o inconsciente (o *id*); o supereu, que age como uma "consciência", representando as restrições sociais; e o ego, que tenta fazer alguma conciliação entre os dois primeiros. Ela está, assim, em um estado constante de conflito e fluxo. A experiência que temos dela pode ser vivida como dividida ou fragmentada.

A teoria psicanalítica lacaniana amplia a análise que Freud fez dos conflitos inconscientes que atuam no interior do assim chamado sujeito soberano. A ênfase que Lacan coloca na linguagem como um sistema de significação é, neste caso, um elemento central. Ele privilegia o significante como aquele elemento que determina o curso do desenvolvimento do sujeito e a direção de seu desejo. A identidade é moldada e orientada externamente, como um efeito do significante e da articulação do desejo. Para Lacan, o sujeito humano unificado é sempre um mito. O sentimento de identidade de uma criança surge da internalização das visões exteriores que ela tem de si própria. Isso ocorre, sobretudo, no período que Lacan chamou de "fase do espelho". Essa fase vem depois da "fase imaginária", que é anterior à entrada na linguagem e na ordem simbólica, quando a criança ainda não tem nenhuma consciência de si própria como separada e distinta da mãe. Nessa fase inicial, o infante é uma mistura de fantasias de amor e ódio, concentrando-se no corpo da mãe. O início da formação da identidade ocorre quando o infante se dá conta de que é separado da mãe. A entrada na linguagem é, assim, o resultado de uma divisão fundamental no sujeito (LACAN, 1977), quando a união primitiva da criança com a mãe é rompida. A criança reconhece sua imagem refletida, identifica-se com ela e torna-se consciente de que é um ser separado de sua mãe. A criança, que nessa fase infantil é um conjunto mal-coordenado de impulsos, constrói um eu baseado no seu reflexo em um verdadeiro espelho ou no espelho dos olhos de outros. Quando olhamos para o espelho vemos uma ilusão de unidade. A fase do espelho de Lacan representa a primeira compreensão da subjetividade: é quando a criança se torna consciente da mãe como um objeto distinto de si mesma. De acordo com Lacan, o primeiro encontro com o processo de construção de um "eu", por meio da visão do reflexo de um eu corporificado, de um eu que tem fronteiras, prepara, assim, a cena para todas as identificações futuras. O infante chega a algum sentimento do "eu" apenas quando encontra o "eu" refletido por algo fora de si próprio, pelo outro: a partir do lugar do "outro". Mas ele sente a si mesmo como se o "eu", o sentimento do eu, fosse produzido – por uma identidade unificada – a partir de seu próprio interior.

Dessa forma, argumenta Lacan, a subjetividade é dividida e ilusória. Por depender, para sua unidade, de algo fora de si mesma, a identidade surge a partir de uma falta, isto é, de um desejo pelo retorno da unidade com a mãe que era parte da primeira infância, mas que só pode ser ilusória, uma fantasia, dado que a separação real já ocorreu. O sujeito ainda anseia pelo eu unitário e pela unidade com a mãe da fase imaginária, e esse anseio, esse desejo, produz a tendência para se *identificar* com figuras poderosas e significativas fora de si próprio. Existe, assim, um contínuo processo de identificação, no qual buscamos criar alguma compreensão sobre nós próprios por meio de sistemas simbólicos e nos identificar com as formas pelas quais somos vistos por outros. Tendo, inicialmente, adotado uma identidade a partir do exterior do eu, continuamos a nos identificar com aquilo que queremos ser, mas aquilo que queremos ser está separado do eu, de forma que o eu está permanentemente dividido no seu próprio interior.

É nessa fase edipiana da entrada na linguagem e nos sistemas simbólicos que o mundo de fantasia da criança, que inclui a si própria e a mãe, é rompido pela entrada do pai ou daquilo que Lacan chama de "a lei do pai". O pai representa uma intromissão externa; o pai representa o tabu contra o incesto, o qual proíbe a fantasia que a criança tem de se casar com a mãe bem como a vontade da mãe em ter a criança como o objeto de seu desejo. O pai separa a criança de suas fantasias, enquanto o desejo da mãe é reprimido para o inconsciente. Esse é o momento em que o inconsciente é criado. À medida que a criança entra na linguagem e na lei do pai, ela se torna capaz, ao mesmo tempo, de assumir uma identidade de gênero, já que este é o momento em que a criança reconhece a diferença sexual. Assim que esse mundo do imaginário e do desejo pré-edipiano pela mãe é deixado de lado, é a linguagem e o simbólico que passam a fornecer alguma compensação, ao proporcionar pontos de apoios linguísticos nos quais se torna possível ancorar a identidade. O pai – ou o pai simbólico, simbolizado pelo *phallus* – representa a diferença sexual. O *phallus* é, assim, o significante primeiro porque é aquele que primeiro introduz a diferença (isto é, a diferença sexual) no universo simbólico da criança, o que lhe dá um poder que é, entretanto, "falso", porque, como argumenta Lacan, o *phallus* apenas *parece* ter poder e valor por causa do peso positivo da masculinidade no dualismo masculino/feminino. Mesmo que o poder do *phallus* seja uma "piada", como afirma Lacan, a criança é obrigada a reconhecê-lo como um significante tanto do poder quanto da diferença. Outros tipos de diferença são construídos de acordo com a analogia da diferença sexual – isto é, um termo (o masculino) é privilegiado em relação a outro (o feminino). Isso também significa que, para Lacan, a entrada das garotas na linguagem se faz de forma muito diferente da dos garotos. As garotas são posicionadas negativamente – como "faltantes". Mesmo que o poder do *phallus* seja ilusório, os garotos entram na ordem simbólica positivamente valorizados e como sujeitos desejantes. As garotas têm a posição negativa, passiva – são simplesmente "desejadas".

O trabalho de Lacan é importante sobretudo por causa de sua ênfase no simbólico e nos sistemas representacionais, pelo destaque dado à diferença e por sua teorização do conceito do inconsciente. Ele enfatiza a construção da identidade de gênero do sujeito, ou seja, a construção simbólica da diferença e da identidade sexuada. O "fracasso" desse processo de construção da identidade e a fragmentação da subjetividade tornam possível a mudança pessoal. Como consequência, a teoria lacaniana de formação da subjetividade pode ser incorporada ao conjunto de teorias que questionam a ideia de que existe um sujeito fixo, unificado.

As teorias psicanalíticas de Freud e de Lacan têm sido bastante questionadas, sobretudo por feministas que assinalam as limitações de uma perspectiva sobre a produção da identidade de gênero que afirma o privilegiamento masculino no interior da ordem simbólica, na qual o *phallus* é o signifi-cante-chave do processo de significação. Apesar das afir-mações em contrário de Lacan, o *phallus* corresponde ao pê-nis, na medida em que significa a "lei do pai" e não da mãe. Ele realmente argumenta que as mulheres entram na ordem simbólica de forma negativa – isto é, como "não homens" e não como "mulheres". Mesmo que o sujeito unificado tenha sido abalado pela teoria psicanalítica, parece também ver-dade que as mulheres não são, nunca, plenamente aceitas ou incluídas como sujeitos falantes. O que é importante, aqui, é a subversão que as teorias psicanalíticas fazem do eu unifi-cado, bem como a ênfase que colocam no papel dos sistemas culturais e representacionais no processo de construção da identidade. É importante também a possibilidade que elas oferecem de se analisar o papel tanto dos desejos conscien-tes quanto dos inconscientes nos processos de identificação. O conceito de inconsciente aponta para uma outra dimensão da identidade, sugerindo um outro quadro teórico para se analisar algumas das razões pelas quais investimos em posi-ções de identidade.

Conclusão

Este capítulo apresentou alguns dos importantes concei-tos relacionados à questão da identidade e da diferença, de-senvolvendo, assim, um quadro de referência para sua análi-se. Discutimos as razões pelas quais é importante tratar dessa questão e analisamos de que forma ela surge nesse ponto do "circuito" da produção cultural. Analisamos, além disso, os processos envolvidos na produção de significados por meio de sistemas representacionais, em sua conexão com o posicio-namento dos sujeitos e com a construção de identidades no in-terior de sistemas simbólicos.

A identidade tem se destacado como uma questão central nas discussões contemporâneas, no contexto das reconstruções globais das identidades nacionais e étnicas e da emergência dos "novos movimentos sociais", os quais estão preocupados com a reafirmação das identidades pessoais e culturais. Esses processos colocam em questão uma série de certezas tradicionais, dando força ao argumento de que existe uma crise da identidade nas sociedades contemporâneas. A discussão da extensão na qual as identidades são contestadas no mundo contemporâneo nos levou a uma análise da importância da diferença e das oposições na construção de posições de identidade.

A diferença é um elemento central dos sistemas classificatórios por meio dos quais os significados são produzidos. Examinamos as análises estruturalistas de Lévi-Strauss e de Mary Douglas, ao discutir os processos de marcação da diferença e da construção do "forasteiro" e do "outro", efetuados por meio de sistemas culturais. Os sistemas sociais e simbólicos produzem as estruturas classificatórias que dão um certo sentido e uma certa ordem à vida social e as distinções fundamentais – entre nós e eles, entre o fora e o dentro, entre o sagrado e o profano, entre o masculino e o feminino – que estão no centro dos sistemas de significação da cultura. Entretanto, esses sistemas classificatórios não podem explicar, sozinhos, o grau de investimento pessoal que os indivíduos têm nas identidades que assumem. A discussão das teorias psicanalíticas sugeriu que, embora as dimensões sociais e simbólicas da identidade sejam importantes para compreender como as posições de identidade são produzidas, é necessário estender essa análise, buscando compreender aqueles processos que asseguram o investimento do sujeito em uma identidade.

Referências

ALEXANDER, J. (org.) (1990). *Durkheimian Sociology*: cultural studies. Cambridge: Cambridge University Press.

ALTHUSSER, L. (1971). *Lenin and Philosophy, and other Essays*. Londres: Left Books.

_____ (1969). *For Marx*. Harmondsworth: Penguin, 1969.

ANDERSON, B. (1983). *Imagined Communities*: reflections on the origins spread of nationalism. Londres: Verso.

AZIZ, R. (1992). Feminism and the challenge of racism: deviance or difference. In: CROWLEY, H. & HIMMELWEIT, S. (orgs.). *Knowing Women*. Cambridge: Polity/The Open University.

BOCOCK, R. & THOMPSON, K. (orgs.) (1985). *Religion and Ideology*. Manchester: Manchester University Press/The Open University.

BOURDIEU, P. (1984). *Distinction*: a social critique of the judgement of taste. Cambridge: MA, Harvard University Press.

CASTLES, S. & MILLER, M.J. (1993). *The Age of Migration*. Londres: Macmillan.

CIXOUS, H. (1975). "Sorties". *La Jeune Née*. Paris: Union Générale d'Editions, 10/12 [tradução inglesa: In: MARKS, E. & De COURTIVRON (orgs.) (1980). [*New French Feminisms*: an anthology. Amherst, MA: The University of Massachusetts Press].

DANIELS, S. (1993). *Fields of Vision*: landscape, imagery and national identity in England and the US. Cambridge: Polity Press.

DALY, M. (1979). *Gyn/Ecology*: the metaethics of radical feminism. Londres: The Women's Press.

DELMAR, R. (1986). What is feminism? In: MITCHELL, J. & OAKLEY, A. *What is Feminism*? Oxford: Basil Blackwell.

DERRIDA, J. (1976). *On Grammatology*. Baltimore/Londres. MD/ Johns Hopkins University Press.

DOUGLAS, M. (1987). Constructive Drinking. Cambridge: Cambridge University Press.

_____ (1982). *In the Active Voice*. Londres: Routledge.

_____ (1966). *Purity and Danger*: an analysis of pollution and taboo. Londres: Routledge.

DU GAY, P. (org.) (1997). *Production of Culture/Cultures of Production*. Londres: Sage/The Open University.

DU GAY, R.; HALL, S.; JANES, L.; MACKAY, H. & NEGUS, K. (orgs.) (1997). *Doing Cultural Studies*: the story of the Sony Walkman. Londres: Sage/The Open University.

DURKHEIM, É. (1954). *The Elementary Forms of the Religious Life*. Londres: Allen & Unwin.

GIDDENS, A. (1990). *The Consequences of Modernity*. Cambridge: Polity.

GILROY, P. (1997). Diaspora and the detours of identity. In: WOODWARD, K. (org.). *Identity and difference*. Londres: Sages, p. 299-346.

GLEDHILL, C. (1997). Genre and gender: the case of soap opera. In: HALL, S. (org.). *Representation*: cultural representations and signifying practices. Londres: Sage/The Open University.

HALL, S. (1990). Cultural identity and diaspora. In: RUTHERFORD, J. (org.). *Identity*: community, culture, difference. Londres: Lawrence and Wishart.

HALL, S. (org.) (1997a). The work of representation. In: HALL, S. (org.). *Representation*: cultural representations and signifying practices. Londres: Sage/The Open University.

_____ (1997b). The spectacle of the Other. In: HALL, S. (org.). *Representation*: cultural representations and signifying practices. Londres: Sage/The Open University.

_____(1990). *Representation*: cultural representations and signifying practices. Londres: Sage/The Open University.

IGNATIEFF, M. (1994). *The Narcissism of Minor Differences*. Pavis Centre Inaugural Lecture, Milton Keynes: The Open University.

_____. "The highway of brotherhood and unity". *Granta*. Vol. 45, p. 225-243.

IRIGARAY, L. (1985). *This Sex Which Is Not One*. Ithaca, Nova York: Cornell University Press.

JEFFREYS, S. (1985). *The Spinster and her Enemies*: feminism and sexuality, 1880-1930. Londres: Pandora Press.

KAY, J. (1991). *The Adoption Papers*. Newcastle: Bloodaxe.

KING, R. (1995). Migrations, globalization and place. In: MASSEY, D. & JESS, R (orgs.). *A Place in the World*. Oxford: Oxford University Press/The Open University.

LACAN, J. (1990). *New Reflections on the Revolution of Our Time*. Londres: Vers.

_____ (1977). *Écrits*: a selection. Londres: Tavistock.

LEACH, E. (1974). *Lévi-Strauss*. Glasgow: Collins.

LÉVI-STRAUSS, C. (1965). "Le triangle culinaire". *L'Arc*, n. 26, p. 19-29 [tradução inglesa: *New Society*, 22 dez. 1966, p. 937-940].

LORDE, A. (1984). *Sister Outsider*. Trumansburg, Nova York: The Crossing Press.

MALCOLM, N. (1994). *Bosnia*: a short history. Londres: Macmillan.

MERCER, K. (1990). Welcome to the jungle. In: RUTHERFORD, J. (org.). *Identity*: community, culture, difference. Londres: Lawrence and Wishart.

_____ (1992). "'1968' periodising postmodern politics and identity". In: GROSS BERG, L; NELSON, C. & TREICHLER, P. (orgs.). *Cultural Studies*. Londres: Routledge.

MOHANTY, S.P. "Us and them: on the philosophical bases of political criticism", *The Yale Journal of Criticism*, vol. 21, p. 1-31.

MOORE, H. (1994). "'Divided we stand': sex, gender and sexual difference". *Feminist Review*, n. 47, p. 78-95.

NIXON, S. (1997).Exhibiting masculinity. In: HALL, S. (org.). *Representation*: cultural representations and signifying practices. Londres: Sage/The Open University.

ROBINS, K. (1997). Global times: what in the world's going on? In: DU GAY, P. (org.). *Production of Culture/Cultures of Production*. Londres: Sage/The Open University.

_____ (1991). Tradition and translation: national culture in its global context. In: CORNER, J. & HARVEY, S. (orgs.). *Enterprise and Heritage*: crosscurrents of national culture. Londres: Routledge.

RUTHERFORD, J. (org.) (1990). *Identify*: community, culture, difference. Londres: Lawrence and Wishart.

ROWBOTHAM, S. (1973). *Hidden from History*: 300 years of women's oppression and the fight against it. Londres: Pluto.

SAID, E. (s.d.). *Orientalism*. Londres: Random House.

SAUSSURE, F. de. (1978). *Course in General Linguistics*. Londres: Collins.

WEEKS, J. (1994). *The Lesser Evil and the Greater Good*: the theory and politics of social diversity. Londres: Rivers Oram Press.

2.
A produção social da identidade e da diferença

Tomaz Tadeu da Silva

As questões do multiculturalismo e da diferença tornaram-se, nos últimos anos, centrais na teoria educacional crítica e até mesmo nas pedagogias oficiais. Mesmo que tratadas de forma marginal, como "temas transversais", essas questões são reconhecidas, inclusive pelo oficialismo, como legítimas questões de *conhecimento*. O que causa estranheza nessas discussões é, entretanto, a ausência de uma teoria da identidade e da diferença.

Em geral, o chamado "multiculturalismo" apoia-se em um vago e benevolente apelo à tolerância e ao respeito para com a diversidade e a diferença. É particularmente problemática, nessas perspectivas, a ideia de diversidade. Parece difícil que uma perspectiva que se limita a proclamar a *existência* da diversidade possa servir de base para uma pedagogia que coloque no seu centro a crítica política da identidade e da diferença. Na perspectiva da diversidade, a diferença e a identidade tendem a ser naturalizadas, cristalizadas, essencializadas. São tomadas como dados ou fatos da vida social diante dos quais se deve tomar posição. Em geral, a posição socialmente aceita e pedagogicamente recomendada é de respeito e tolerância para com a diversidade e a diferença. Mas será que as questões da identidade e da diferença se esgotam nessa posição liberal? E, sobretudo: essa perspectiva é suficiente para servir de base para uma pedagogia crítica e questionadora? Não deveríamos, antes de mais nada, ter uma teoria sobre a *produção* da identidade e da diferença? Quais as implicações políticas de conceitos como diferença, identidade, diversidade, alteridade? O que está em jogo na identidade? Como se configuraria uma pedagogia e um currículo que estivessem centrados não na diversidade, mas na diferença, concebida como processo, uma pedagogia e um currículo que não se limitassem a celebrar a identidade e a diferença, mas que buscassem problematizá-las? E para questões como essas que se volta o presente ensaio.

Identidade e diferença: aquilo que é e aquilo que não é

Em uma primeira aproximação, parece ser fácil definir "identidade". A identidade é simplesmente aquilo que se é: "sou brasileiro", "sou negro", "sou heterossexual", "sou jovem", "sou homem". A identidade assim concebida parece ser uma positividade ("aquilo que sou"), uma característica independente, um "fato" autônomo. Nessa perspectiva, a identidade só tem como referência a si própria: ela é autocontida e autossuficiente.

Na mesma linha de raciocínio, também a diferença é concebida como uma entidade independente. Apenas, neste caso, em oposição à identidade, a diferença é aquilo que o outro é: "ela é italiana", "ela é branca", "ela é homossexual", "ela é velha", "ela é mulher". Da mesma forma que a identidade, a diferença é, nesta perspectiva, concebida como autorreferenciada, como algo que remete a si própria. A diferença, tal como a identidade, simplesmente existe.

É fácil compreender, entretanto, que identidade e diferença estão em uma relação de estreita dependência. A forma afirmativa como expressamos a identidade tende a esconder essa relação. Quando digo "sou brasileiro" parece que estou fazendo referência a uma identidade que se esgota em si mesma. "Sou brasileiro" – ponto. Entretanto, eu só preciso fazer essa afirmação porque existem outros seres humanos que *não* são brasileiros. Em um mundo imaginário totalmente homogêneo, no qual todas as pessoas partilhassem a mesma identidade, as afirmações de identidade não fariam sentido. De certa forma, é exatamente isto que ocorre com nossa identidade de "humanos". É apenas em circunstâncias muito raras e especiais que precisamos afirmar que "somos humanos".

A afirmação "sou brasileiro", na verdade, é parte de uma extensa cadeia de "negações", de expressões negativas de identidade, de diferenças. Por trás da afirmação "sou brasileiro" deve-se ler: "não sou argentino", "não sou chinês", "não sou japonês" e assim por diante, numa cadeia, neste caso, quase interminável. Admitamos: ficaria muito complicado pronunciar todas essas frases negativas cada vez que eu quisesse fazer uma declaração sobre minha identidade. A gramática nos permite a simplificação de simplesmente dizer "sou brasileiro". Como ocorre em outros casos, a gramática ajuda, mas também esconde.

Da mesma forma, as afirmações sobre diferença só fazem sentido se compreendidas em sua relação com as afirmações sobre a identidade. Dizer que "ela é chinesa" significa dizer que "ela não é argentina", "ela não é japonesa" etc., incluindo a afirmação de que "ela não é brasileira", isto é, que ela não é o que eu sou. As afirmações sobre diferença também dependem de uma cadeia, em geral oculta, de declarações negativas sobre (outras) identidades. Assim como a identidade depende da diferença, a diferença depende da identidade. Identidade e diferença são, pois, inseparáveis.

Em geral, consideramos a diferença como um produto derivado da identidade. Nesta perspectiva, a identidade é a referência, é o ponto original relativamente ao qual se define a diferença. Isto reflete a tendência a tomar aquilo que somos como sendo a norma pela qual descrevemos ou avaliamos aquilo que não somos. Por sua vez, na perspectiva que venho tentando desenvolver, identidade e diferença são vistas como mutuamente determinadas. Numa visão mais radical, entretanto, seria possível dizer que, contrariamente à primeira perspectiva, é a diferença que vem em primeiro lugar. Para isso seria preciso considerar a diferença não simplesmente como resultado de um processo, mas como o processo mesmo pelo qual *tanto* a identidade *quanto* a diferença (compreendida, aqui, como resultado) são produzidas. Na origem estaria a diferença-compreendida, agora, como ato ou processo de diferenciação. É precisamente essa noção que está no centro da conceituação linguística de diferença, como veremos adiante.

Identidade e diferença: criaturas da linguagem

Além de serem interdependentes, identidade e diferença partilham uma importante característica: elas são o resultado de atos de criação linguística. Dizer que são o resultado de atos de *criação* significa dizer que não são "elementos" da natureza, que não são essências, que não são coisas que estejam simplesmente aí, à espera de serem reveladas ou descobertas, respeitadas ou toleradas. A identidade e a diferença têm que ser ativamente produzidas. Elas não são criaturas do mundo natural ou de um mundo transcendental, mas do mundo cultural e social. Somos nós que as fabricamos, no contexto de relações culturais e sociais. A identidade e a diferença são criações sociais e culturais.

Dizer, por sua vez, que identidade e diferença são o resultado de atos de criação *linguística* significa dizer que elas são criadas por meio de atos de linguagem. Isto parece uma obviedade. Mas como tendemos a tomá-las como dadas, como "fatos da vida", com frequência esquecemos que a identidade e a diferença têm que ser nomeadas. É apenas por meio de atos de fala que instituímos a identidade e a diferença como tais. A definição da identidade brasileira, por exemplo, é o resultado da criação de variados e complexos atos linguísticos que a definem como sendo diferente de outras identidades nacionais.

Como ato linguístico, a identidade e a diferença estão sujeitas a certas propriedades que caracterizam a linguagem em geral. Por exemplo, segundo o linguista suíço Ferdinand de Saussure, a linguagem é, fundamentalmente, um sistema de diferenças. Nós já havíamos encontrado esta ideia quando falamos da identidade e da diferença como elementos que só têm sentido no interior de uma cadeia de diferenciação linguística ("ser isto" significa "não ser isto" e "não ser aquilo e "não ser mais aquilo" e assim por diante).

De acordo com Saussure, os elementos – os signos – que constituem uma língua não têm qualquer valor absoluto, não fazem sentido se considerados isoladamente. Se consideramos apenas o aspecto material de um signo, seu aspecto gráfico ou fonético (o sinal gráfico "vaca", por exemplo, ou seu equivalente fonético), não há nele nada intrínseco que remeta àquela coisa que reconhecemos como sendo uma vaca – ele poderia, de forma igualmente arbitrária, remeter a um outro objeto como, por exemplo, uma faca. Ele só adquire valor – ou sentido – numa cadeia infinita de outras marcas gráficas ou fonéticas que são diferentes dele. O mesmo ocorre se consideramos o significado que constitui um determinado signo, isto é, se consideramos seu aspecto conceitual. O conceito de "vaca" só faz sentido numa cadeia infinita de conceitos que não são "vaca". Tal como ocorre com o conceito "sou brasileiro", a palavra "vaca" é apenas uma maneira conveniente e abreviada de dizer "isto não é porco", "não é árvore", "não é casa" e assim por diante. Em outras palavras, a língua não passa de um sistema de diferenças. Reencontramos, aqui, em contraste com a ideia de diferença como produto, a noção de diferença como a operação ou o processo básico de funcionamento da língua e, por extensão, de instituições culturais e sociais como a identidade, por exemplo.

Mas a linguagem vacila...

A identidade e a diferença não podem ser compreendidas, pois, fora dos sistemas de significação nos quais adquirem sentido. Não são seres da natureza, mas da cultura e dos sistemas simbólicos que a compõem. Dizer isso não significa, entretanto, dizer que elas são determinadas, de uma vez por todas, pelos sistemas discursivos e simbólicos que lhes dão definição. Ocorre que a linguagem, entendida aqui de forma mais geral como sistema de significação, é, ela própria, uma estrutura instável. É precisamente isso que teóricos pós-estruturalistas como Jacques Derrida vêm tentando dizer nos últimos anos. A linguagem vacila. Ou, nas palavras do linguista Edward Sapir (1921), "todas as gramáticas vazam".

Essa indeterminação fatal da linguagem decorre de uma característica fundamental do signo. O signo é um sinal, uma marca, um traço que está no lugar de uma outra coisa, a qual pode ser um objeto concreto (o objeto "gato"), um conceito ligado a um objeto concreto (o conceito de "gato") ou um conceito abstrato ("amor"). O signo não coincide com a coisa ou o conceito. Na linguagem filosófica de Derrida, poderíamos dizer que o signo não é uma presença, ou seja, a coisa ou o conceito não estão presentes no signo.

Mas a natureza da linguagem é tal que não podemos deixar de ter a ilusão de ver o signo como uma presença, isto é, de ver no signo a presença do referente (a "coisa") ou do conceito. É a isso que Derrida chama de "metafísica da presença". Essa "ilusão" é necessária para que o signo funcione como tal: afinal, o signo está no lugar de alguma outra coisa. Embora nunca plenamente realizada, a promessa da presença é parte integrante da ideia de signo. Em outras palavras, podemos dizer, com Derrida, que a plena presença (da "coisa", do conceito) no signo é indefinidamente adiada. É também a impossibilidade dessa presença que obriga o signo a depender de um processo de diferenciação, de diferença, como vimos anteriormente. Derrida acrescenta a isso, entretanto, a ideia de traço: o signo carrega sempre não apenas o traço daquilo que ele substitui, mas também o traço daquilo que ele não é, ou seja, precisamente da diferença. Isso significa que nenhum signo pode ser simplesmente reduzido a si mesmo, ou seja, à identidade. Se quisermos retomar o exemplo da identidade e da diferença cultural, a declaração de identidade "sou brasileiro", ou seja, a identidade brasileira, carrega, contém em si mesma, o traço do outro, da diferença – "não sou italiano", "não sou chinês" etc. A mesmidade (ou a identidade) porta sempre o traço da outridade (ou da diferença).

O exemplo da consulta ao dicionário talvez ajude a compreender melhor as questões da presença e da diferença em Derrida. Quando consultamos uma palavra no dicionário, o dicionário nos fornece uma definição ou um sinônimo daquela palavra. Em nenhum dos casos, o dicionário nos apresenta a "coisa" mesma ou o "conceito" mesmo. A definição do dicionário simplesmente nos remete para outras palavras, ou seja, para outros signos. A presença da "coisa" mesma ou do conceito "mesmo" é indefinidamente adiada: ela só existe como traço de uma presença que nunca se concretiza. Além disso, na impossibilidade da presença, um determinado signo só é o que é porque ele não é um outro, nem aquele outro etc., ou seja, sua existência é marcada unicamente pela diferença que sobrevive em cada signo como traço, como fantasma e assombração, se podemos assim dizer. Em suma, o signo é caracterizado pelo diferimento ou adiamento (da presença) e pela diferença (relativamente a outros signos), duas características que Derrida sintetiza no conceito de *différance*.

Toda essa conversa sobre presença, adiamento e diferença serve para mostrar que se é verdade que somos, de certa forma, governados pela estrutura da linguagem, não podemos dizer, por outro lado, que se trate exatamente de uma estrutura muito segura. Somos dependentes, neste caso, de uma estrutura que balança. O adiamento indefinido do significado e sua dependência de uma operação de diferença significa que o processo de significação é fundamentalmente indeterminado, sempre incerto e vacilante. Ansiamos pela presença – do significado, do referente (a coisa à qual a linguagem se refere). Mas na medida em que não pode, nunca, nos fornecer essa desejada presença, a linguagem é caracterizada pela indeterminação e pela instabilidade.

Essa característica da linguagem tem consequências importantes para a questão da diferença e da identidade culturais. Na medida em que são definidas, em parte, por meio da linguagem, a identidade e a diferença não podem deixar de ser marcadas, também, pela indeterminação e pela instabilidade. Voltemos, uma vez mais, ao nosso exemplo da identidade brasileira. A identidade "ser brasileiro" não pode, como vimos, ser compreendida fora de um processo de produção simbólica e discursiva, em que o "ser brasileiro" não tem nenhum referente natural ou fixo, não é um absoluto que exista anteriormente à linguagem e fora dela. Ela só tem sentido em relação com uma cadeia de significação formada por outras identidades nacionais que, por sua vez, tampouco são fixas, naturais ou predeterminadas. Em suma, a identidade e a diferença são tão indeterminadas e instáveis quanto a linguagem da qual dependem.

A identidade e a diferença: o poder de definir

Já sabemos que a identidade e a diferença são o resultado de um processo de produção simbólica e discursiva. O processo de adiamento e diferenciação linguísticos por meio do qual elas são produzidas está longe, entretanto, de ser simétrico. A identidade, tal como a diferença, é uma relação social. Isso significa que sua definição – discursiva e linguística – está sujeita a vetores de força, a relações de poder. Elas não são simplesmente definidas; elas são impostas. Elas não convivem harmoniosamente, lado a lado, em um campo sem hierarquias; elas são disputadas.

Não se trata, entretanto, apenas do fato de que a definição da identidade e da diferença seja objeto de disputa entre grupos sociais assimetricamente situados relativamente ao poder. Na disputa pela identidade está envolvida uma disputa mais ampla por outros recursos simbólicos e materiais da sociedade. A afirmação da identidade e a enunciação da diferença traduzem o desejo dos diferentes grupos sociais, assimetricamente situados, de garantir o acesso privilegiado aos bens sociais. A identidade e a diferença estão, pois, em estreita conexão com relações de poder. O poder de definir a identidade e de marcar a diferença não pode ser separado das relações mais amplas de poder. A identidade e a diferença não são, nunca, inocentes.

Podemos dizer que onde existe diferenciação – ou seja, identidade e diferença – aí está presente o poder. A diferenciação é o processo central pelo qual a identidade e a diferença são produzidas. Há, entretanto, uma série de outros processos que traduzem essa diferenciação ou que com ela guardam uma estreita relação. São outras tantas marcas da presença do poder: incluir/excluir ("estes pertencem, aqueles não"); demarcar fronteiras ("nós" e "eles"); classificar ("bons e maus"; "puros e impuros"; "desenvolvidos e primitivos"; "racionais e irracionais"); normalizar ("nós somos normais; eles são anormais").

A afirmação da identidade e a marcação da diferença implicam, sempre, as operações de incluir e de excluir. Como vimos, dizer "o que somos" significa também dizer "o que não somos". A identidade e a diferença se traduzem, assim, em declarações sobre quem pertence e sobre quem não pertence, sobre quem está incluído e quem está excluído. Afirmar a identidade significa demarcar fronteiras, significa fazer distinções entre o que fica dentro e o que fica fora. A identidade está sempre ligada a uma forte separação entre "nós" e "eles". Essa demarcação de fronteiras, essa separação e distinção, supõem e, ao mesmo tempo, afirmam e reafirmam relações de poder. "Nós" e "eles" não são, neste caso, simples distinções gramaticais. Os pronomes "nós" e "eles" não são, aqui, simples categorias gramaticais, mas evidentes indicadores de posições-de-sujeito fortemente marcadas por relações de poder.

Dividir o mundo social entre "nós" e "eles" significa classificar. O processo de classificação é central na vida social. Ele pode ser entendido como um ato de significação pelo qual dividimos e ordenamos o mundo social em grupos, em classes. A identidade e a diferença estão estreitamente relacionadas às formas pelas quais a sociedade produz e utiliza classificações. As classificações são sempre feitas a partir do ponto de vista da identidade. Isto é, as classes nas quais o mundo social é dividido não são simples agrupamentos simétricos. Dividir e classificar significa, neste caso, também hierarquizar. Deter o privilégio de classificar significa também deter o privilégio de atribuir diferentes valores aos grupos assim classificados.

A mais importante forma de classificação é aquela que se estrutura em torno de oposições binárias, isto é, em torno de duas classes polarizadas. O filósofo francês Jacques Derrida analisou detalhadamente esse processo. Para ele, as oposições binárias não expressam uma simples divisão do mundo em duas classes simétricas: em uma oposição binária, um dos termos é sempre privilegiado, recebendo um valor positivo, enquanto o outro recebe uma carga negativa. "Nós" e "eles", por exemplo, constitui uma típica oposição binária: não é preciso dizer qual termo é, aqui, privilegiado. As relações de identidade e diferença ordenam-se, todas, em torno de oposições binárias: masculino/feminino, branco/negro, heterossexual/homossexual. Questionar a identidade e a diferença como relações de poder significa problematizar os binarismos em torno dos quais elas se organizam.

Fixar uma determinada identidade como a norma é uma das formas privilegiadas de hierarquização das identidades e das diferenças. A normalização é um dos processos mais sutis pelos quais o poder se manifesta no campo da identidade e da diferença. Normalizar significa eleger – arbitrariamente – uma identidade específica como o parâmetro em relação ao qual as outras identidades são avaliadas e hierarquizadas. Normalizar significa atribuir a essa identidade todas as características positivas possíveis, em relação às quais as outras identidades só podem ser avaliadas de forma negativa. A identidade normal é "natural", desejável, única. A força da identidade normal é tal que ela nem sequer é vista como *uma* identidade, mas simplesmente como *a* identidade. Paradoxalmente, são as outras identidades que são marcadas como tais. Numa sociedade em que impera a supremacia branca, por exemplo, "ser branco" não é considerado uma identidade étnica ou racial. Num mundo governado pela hegemonia cultural estadunidense, "étnica" é a música ou a comida dos outros países. É a sexualidade homossexual que é "sexualizada", não a heterossexual. A força homogeneizadora da identidade normal é diretamente proporcional à sua invisibilidade.

Na medida em que é uma operação de diferenciação, de produção de diferença, o anormal é inteiramente constitutivo do normal. Assim como a definição da identidade depende da diferença, a definição do normal depende da definição do anormal. Aquilo que é deixado de fora é sempre parte da definição e da constituição do "dentro". A definição daquilo que é considerado aceitável, desejável, natural é inteiramente dependente da definição daquilo que é considerado abjeto, rejeitável, antinatural. A identidade hegemônica é permanentemente assombrada pelo seu Outro, sem cuja existência ela não faria sentido. Como sabemos desde o início, a diferença é parte ativa da formação da identidade.

Fixando a identidade

O processo de produção da identidade oscila entre dois movimentos: de um lado, estão aqueles processos que tendem a fixar e a estabilizar a identidade; de outro, os processos que tendem a subvertê-la e a desestabilizá-la. É um processo semelhante ao que ocorre com os mecanismos discursivos e linguísticos nos quais se sustenta a produção da identidade. Tal como a linguagem, a tendência da identidade é para a fixação. Entretanto, tal como ocorre com a linguagem, a identidade está sempre escapando. A fixação é uma tendência e, ao mesmo tempo, uma impossibilidade.

A teoria cultural e social pós-estruturalista tem percorrido os diversos territórios da identidade para tentar descrever tanto os processos que tentam fixá-la quanto aqueles que impedem sua fixação. Têm sido analisadas, assim, as identidades nacionais, as identidades de gênero, as identidades sexuais, as identidades raciais e étnicas. Embora estejam em funcionamento, nessas diversas dimensões da identidade cultural e social, ambos os tipos de processos, eles obedecem a dinâmicas diferentes. Assim, por exemplo, enquanto o recurso à biologia é evidente na dinâmica da identidade de gênero (quando se justifica a dominação masculina por meio de argumentos biológicos, por exemplo), ele é menos utilizado nas tentativas de estabelecimento das identidades nacionais, onde são mais comuns essencialismos culturais.

No caso das identidades nacionais, é extremamente comum, por exemplo, o apelo a mitos fundadores. As identidades nacionais funcionam, em grande parte, por meio daquilo que Benedith Anderson chamou de "comunidades imaginadas". Na medida em que não existe nenhuma "comunidade natural" em torno da qual se possam reunir as pessoas que constituem um determinado agrupamento nacional, ela precisa ser inventada, imaginada. É necessário criar laços imaginários que permitam "ligar" pessoas que, sem eles, seriam simplesmente indivíduos isolados, sem nenhum "sentimento" de terem qualquer coisa em comum.

A língua tem sido um dos elementos centrais desse processo – a história da imposição das nações modernas coincide, em grande parte, com a história da imposição de uma língua nacional única e comum. Juntamente com a língua, é central a construção de símbolos nacionais: hinos, bandeiras, brasões. Entre esses símbolos, destacam-se os chamados "mitos fundadores". Fundamentalmente, um mito fundador remete a um momento crucial do passado em que algum gesto, algum acontecimento, em geral heroico, épico, monumental, em geral iniciado ou executado por alguma figura "providencial", inaugurou as bases de uma suposta identidade nacional. Pouco importa se os fatos assim narrados são "verdadeiros" ou não; o que importa é que a narrativa fundadora funciona para dar à identidade nacional a liga sentimental e afetiva que lhe garante uma certa estabilidade e fixação, sem as quais ela não teria a mesma e necessária eficácia.

Os mitos fundadores que tendem a fixar as identidades nacionais são, assim, um exemplo importante de essencialismo cultural. Embora aparentemente baseadas em argumentos biológicos, as tentativas de fixação da identidade que apelam para a natureza não são menos culturais. Basear a inferiorização das mulheres ou de certos grupos "raciais" ou étnicos nalguma suposta característica natural ou biológica não é simplesmente um erro "científico", mas a demonstração da imposição de uma eloquente grade cultural sobre uma natureza que, em si mesma, é – culturalmente falando – silenciosa. As chamadas interpretações biológicas são, antes de serem biológicas, *interpretações*, isto é, elas não são mais do que a imposição de uma matriz de significação sobre uma matéria que, sem elas, não tem qualquer significado. Todos os essencialismos são, assim, culturais. Todos os essencialismos nascem do movimento de fixação que caracteriza o processo de produção da identidade e da diferença.

Subvertendo e complicando a identidade

Mais interessantes, entretanto, são os movimentos que conspiram para complicar e subverter a identidade. A teoria cultural contemporânea tem destacado alguns desses movimentos. Aliás, as metáforas utilizadas para descrevê-los recorrem, quase todas, à própria ideia de movimento, de viagem, de deslocamento: diáspora, cruzamento de fronteiras, nomadismo. A figura do *flaneur*, descrita por Baudelaire e retomada por Benjamin, é constantemente citada como exemplar de identidade móvel. Embora de forma indireta, as metáforas da hibridização, da miscigenação, do sincretismo e do travestismo também aludem a alguma espécie de mobilidade entre os diferentes territórios da identidade. As metáforas que buscam enfatizar os processos que complicam e subvertem a identidade querem enfatizar – em contraste com o processo que tenta fixá-las – aquilo que trabalha para contrapor-se à tendência a essencializá-las. De acordo com essas perspectivas, esses processos não são simplesmente teóricos; eles são parte integral da dinâmica da produção da identidade e da diferença.

O hibridismo, por exemplo, tem sido analisado, sobretudo, em relação com o processo de produção das identidades nacionais, raciais e étnicas. Na perspectiva da teoria cultural contemporânea, o hibridismo – a mistura, a conjunção, o intercurso entre diferentes nacionalidades, entre diferentes etnias, entre diferentes raças – coloca em xeque aqueles processos que tendem a conceber as identidades como fundamentalmente separadas, divididas, segregadas. O processo de hibridização confunde a suposta pureza e insolubilidade dos grupos que se reúnem sob as diferentes identidades nacionais, raciais ou étnicas. A identidade que se forma por meio do hibridismo não é mais integralmente nenhuma das identidades originais, embora guarde traços delas.

Não se pode esquecer, entretanto, que a hibridização se dá entre identidades situadas assimetricamente em relação ao poder. Os processos de hibridização analisados pela teoria cultural contemporânea nascem de relações conflituosas entre diferentes grupos nacionais, raciais ou étnicos. Eles estão ligados a histórias de ocupação, colonização e destruição. Trata-se, na maioria dos casos, de uma hibridização forçada. O que a teoria cultural ressalta é que, ao confundir a estabilidade e a fixação da identidade, a hibridização, de alguma forma, também afeta o poder. O "terceiro espaço" (BHABHA, 1996) que resulta da hibridização não é determinado, nunca, unilateralmente, pela identidade hegemônica: ele introduz uma diferença que constitui a possibilidade de seu questionamento.

O hibridismo está ligado aos movimentos demográficos que permitem o contato entre diferentes identidades: as diásporas, os deslocamentos nômades, as viagens, os cruzamentos de fronteiras. Na perspectiva da teoria cultural contemporânea, esses movimentos podem ser literais, como na diáspora forçada dos povos africanos por meio da escravização, por exemplo, ou podem ser simplesmente metafóricos. "Cruzar fronteiras", por exemplo, pode significar simplesmente mover-se livremente entre os territórios simbólicos de diferentes identidades. "Cruzar fronteiras" significa não respeitar os sinais que demarcam – "artificialmente" – os limites entre os territórios das diferentes identidades.

Mas é no movimento literal, concreto, de grupos em movimento, por obrigação ou por opção, ocasionalmente ou constantemente, que a teoria cultural contemporânea vai buscar inspiração para teorizar sobre os processos que tendem a desestabilizar e a subverter a tendência da identidade à fixação. Diásporas, como a dos negros africanos escravizados, por exemplo, ao colocar em contato diferentes culturas e ao favorecer processos de miscigenação, colocam em movimento processos de hibridização, sincretismo e crioulização cultural que, forçosamente, transformam, desestabilizam e deslocam as identidades originais. Da mesma forma, movimentos migratórios em geral, como os que, nas últimas décadas, por exemplo, deslocaram grandes contingentes populacionais das antigas colônias para as antigas metrópoles, favorecem processos que afetam tanto as identidades subordinadas quanto as hegemônicas. Finalmente, é a viagem em geral que é tomada como metáfora do caráter necessariamente móvel da identidade. Embora menos traumática que a diáspora ou a migração forçada, a viagem obriga quem viaja a sentir-se "estrangeiro", posicionando-o, ainda que temporariamente, como o "outro". A viagem proporciona a experiência do "não sentir-se em casa" que, na perspectiva da teoria cultural contemporânea, caracteriza, na verdade, toda identidade cultural. Na viagem, podemos experimentar, ainda que de forma limitada, as delícias – e as inseguranças – da instabilidade e da precariedade da identidade.

Se o movimento entre fronteiras coloca em evidência a instabilidade da identidade, é nas próprias linhas de fronteira, nos limiares, nos interstícios, que sua precariedade se torna mais visível. Aqui, mais do que a partida ou a chegada, é cruzar a fronteira, é estar ou permanecer na fronteira, que é o acontecimento crítico. Neste caso, é a teorização cultural contemporânea sobre gênero e sexualidade que ganha centralidade. Ao chamar a atenção para o caráter cultural e construído do gênero e da sexualidade, a teoria feminista e a teoria *queer* contribuem, de forma decisiva, para o questionamento das oposições binárias – masculino/feminino, heterossexual/homossexual – nas quais se baseia o processo de fixação das identidades de gênero e das identidades sexuais. A possibilidade de "cruzar fronteiras" e de "estar na fronteira", de ter uma identidade ambígua, indefinida, é uma demonstração do caráter "artificialmente" imposto das identidades fixas. O "cruzamento de fronteiras" e o cultivo proposital de identidades ambíguas é, entretanto, ao mesmo tempo uma poderosa estratégia política de questionamento das operações de fixação da identidade. A evidente artificialidade da identidade das pessoas travestidas e das que se apresentam como *drag-queens*, por exemplo, denuncia a – menos evidente – artificialidade de *todas* as identidades.

Identidade e diferença: elas têm que ser representadas

Já sabemos que a identidade e a diferença estão estreitamente ligadas a sistemas de significação. A identidade é um significado – cultural e socialmente atribuído. A teoria cultural recente expressa essa mesma ideia por meio do conceito de representação. Para a teoria cultural contemporânea, a identidade e a diferença estão estreitamente associadas a sistemas de representação.

O conceito de representação tem uma longa história, o que lhe confere uma multiplicidade de significados. Na história da filosofia ocidental, a ideia de representação está ligada à busca de formas apropriadas de tornar o "real" presente – de apreendê-lo o mais fielmente possível por meio de sistemas de significação. Nessa história, a representação tem-se apresentado em suas duas dimensões – a representação externa, por meio de sistemas de signos como a pintura, por exemplo, ou a própria linguagem; e a representação interna ou mental – a representação do "real" na consciência.

O pós-estruturalismo e a chamada "filosofia da diferença" erguem-se, em parte, como uma reação à ideia clássica de representação. É precisamente por conceber a linguagem – e, por extensão, todo sistema de significação – como uma estrutura instável e indeterminada que o pós-estruturalismo questiona a noção clássica de representação. Isso não impediu, entretanto, que teóricos e teóricas ligados sobretudo aos Estudos Culturais como, por exemplo, Stuart Hall, "recuperassem" o conceito de representação, desenvolvendo-o em conexão com uma teorização sobre a identidade e a diferença.

Nesse contexto, a representação é concebida como um sistema de significação, mas descartam-se os pressupostos realistas e miméticos associados com sua concepção filosófica clássica. Trata-se de uma representação *pós-estruturalista*. Isto significa, primeiramente, que se rejeitam, sobretudo, quaisquer conotações mentalistas ou qualquer associação com uma suposta interioridade psicológica. No registro pós-estruturalista, a representação é concebida unicamente em sua dimensão de significante, isto é, como sistema de signos, como pura marca material. A representação expressa-se por meio de uma pintura, de uma fotografia, de um filme, de um texto, de uma expressão oral. A representação não é, nessa concepção, nunca, representação mental ou interior. A representação é, aqui, sempre marca ou traço visível, exterior.

Em algum lugar intermediário entre essas duas abordagens situa-se a estratégia talvez mais comumente adotada na rotina pedagógica e curricular das escolas, que consiste em apresentar aos estudantes e às estudantes uma visão superficial e distante das diferentes culturas. Aqui, o outro aparece sob a rubrica do curioso e do exótico. Além de não questionar as relações de poder envolvidas na produção da identidade e da diferença culturais, essa estratégia as reforça, ao construir o outro por meio das categorias do exotismo e da curiosidade. Em geral, a apresentação do outro, nessas abordagens, é sempre o suficientemente distante, tanto no espaço quanto no tempo, para não apresentar nenhum risco de confronto e dissonância.

Finalmente, gostaria de argumentar em favor de uma estratégia pedagógica e curricular de abordagem da identidade e da diferença que levasse em conta precisamente as contribuições da teoria cultural recente, sobretudo aquela de inspiração pós-estruturalista. Nessa abordagem, a pedagogia e o currículo tratariam a identidade e a diferença como questões de política. Em seu centro, estaria uma discussão da identidade e da diferença como produção. A pergunta crucial a guiar o planejamento de um currículo e de uma pedagogia da diferença seria: como a identidade e a diferença são produzidas? Quais são os mecanismos e as instituições que estão ativamente envolvidos na criação da identidade e de sua fixação?

Para isso é crucial a adoção de uma teoria que descreva e explique o processo de *produção* da identidade e da diferença. Uma estratégia que simplesmente admita e reconheça o fato da diversidade torna-se incapaz de fornecer os instrumentos para questionar precisamente os mecanismos e as instituições que fixam as pessoas em determinadas identidades culturais e que as separam por meio da diferença cultural. Antes de tolerar, respeitar e admitir a diferença, é preciso explicar como ela é ativamente produzida. A diversidade biológica pode ser um produto da natureza; o mesmo não se pode dizer da diversidade cultural. A diversidade cultural não é, nunca, um ponto de origem: ela é, em vez disso, o ponto final de um processo conduzido por operações de diferenciação. Uma política pedagógica e curricular da identidade e da diferença tem a obrigação de ir além das benevolentes declarações de boa vontade para com a diferença. Ela tem que colocar no seu centro uma teoria que permita não simplesmente reconhecer e celebrar a diferença e a identidade, mas questioná-las.

Por outro lado, os estudantes e as estudantes deveriam ser estimulados, nessa perspectiva, a explorar as possibilidades de perturbação, transgressão e subversão das identidades existentes. De que modo se pode desestabilizá-las, denunciando seu caráter construído e sua artificialidade? Um currículo e uma pedagogia da diferença deveriam ser capazes de abrir o campo da identidade para as estratégias que tendem a colocar seu congelamento e sua estabilidade em xeque: hibridismo, nomadismo, travestismo, cruzamento de fronteiras. Estimular, em matéria de identidade, o impensado e o arriscado, o inexplorado e o ambíguo, em vez do consensual e do assegurado, do conhecido e do assentado. Favorecer, enfim, toda experimentação que torne difícil o retorno do eu e do nós ao idêntico.

Aproximar – aprendendo, aqui, uma lição da chamada "filosofia da diferença" – a diferença do múltiplo e não do diverso. Tal como ocorre na aritmética, o múltiplo é sempre um processo, uma operação, uma ação. A diversidade é estática, é um estado, é estéril. A multiplicidade é ativa, é um fluxo, é produtiva. A multiplicidade é uma máquina de produzir diferenças – diferenças que são irredutíveis à identidade. A diversidade limita-se ao existente. A multiplicidade estende e multiplica, prolifera, dissemina. A diversidade é um dado – da natureza ou da cultura. A multiplicidade é um movimento. A diversidade reafirma o idêntico. A multiplicidade estimula a diferença que se recusa a se fundir com o idêntico. Como diz José Luis Pardo:

> Respeitar a diferença não pode significar "deixar que o outro seja como eu sou" ou "deixar que o outro seja diferente de mim tal como eu sou diferente (do outro)", mas deixar que o outro seja como eu *não sou*, deixar que ele seja esse outro que *não pode* ser eu, que eu não posso ser, que não pode ser um (outro) eu; significa deixar que o outro seja diferente, deixar ser uma diferença que não seja, em absoluto, diferença entre duas identidades, mas diferença *da* identidade, deixar ser uma outridade que não é outra "relativamente a mim" ou "relativamente ao mesmo", mas que é absolutamente diferente, sem relação alguma com a identidade ou com a mesmidade (PARDO, 1996: 154).

Essas poderiam ser as linhas gerais de um currículo e uma pedagogia da diferença, de um currículo e de uma pedagogia que representassem algum questionamento não apenas à identidade, mas também ao poder ao qual ela está estreitamente associada, um currículo e uma pedagogia da diferença e da multiplicidade. Em certo sentido, "pedagogia" significa precisamente "diferença": educar significa introduzir a cunha da diferença em um mundo que sem ela se limitaria a reproduzir o mesmo e o idêntico, um mundo parado, um mundo morto. É nessa possibilidade de abertura para um outro mundo que podemos pensar na pedagogia como diferença. Dessa forma, talvez possamos dizer sobre a pedagogia aquilo que Maurice Blanchot (1969: 115) disse sobre a fala e a palavra: fazer pedagogia significa "procurar acolher o outro como outro e o estrangeiro como estrangeiro; acolher outrem, pois, em sua irredutível diferença, em sua estrangeiridade infinita, uma estrangeiridade tal que apenas uma descontinuidade essencial pode conservar a afirmação que lhe é própria".

Referências

AUSTIN, J.L. (1998). *Como hacer cosas con palabras*. Barcelona: Paidós.

BHABHA, H. (1996). "O terceiro espaço (entrevista conduzida por Jonathan Rutherford)". *Revista do Patrimônio Histórico e Artístico Nacional*, 24, p. 35-41.

BLANCHOT, M. (1969). *L'entretien infini*. Paris: Gallimard.

BUTLER, J. (1999). Corpos que pesam: sobre os limites discursivos do "sexo". In: LOPES LOURO, G. (org.). *O corpo educado –* Pedagogias da sexualidade. Belo Horizonte: Autêntica, p. 151-172.

DERRIDA, J. (1991). *Limited Inc*. Campinas: Papirus.

PARDO, J.L. (1996). El sujeto inevitable. In: CRUZ, M. (org.). *Tiempo de subjetividad*. Barcelona: Paidós, p. 133-154.

SAPIR, E. (1921). *Language*. Nova York: Harcourt Brace.

3.
Quem precisa da identidade?

Stuart Hall

Estamos observando, nos últimos anos, uma verdadeira explosão discursiva em torno do conceito de "identidade". O conceito tem sido submetido, ao mesmo tempo, a uma severa crítica. Como se pode explicar esse paradoxal fenômeno? Onde nos situamos relativamente ao conceito de "identidade"? Está-se efetuando uma completa desconstrução das perspectivas identitárias em uma variedade de áreas disciplinares, todas as quais, de uma forma ou outra, criticam a ideia de uma identidade integral, originária e unificada. Na filosofia tem-se feito, por exemplo, a crítica do sujeito autossustentável que está no centro da metafísica ocidental pós-cartesiana. No discurso da crítica feminista e da crítica cultural influenciadas pela psicanálise têm-se destacado os processos inconscientes de formação da subjetividade, colocando-se em questão, assim, as concepções racionalistas de sujeito. As perspectivas que teorizam o pós-modernismo têm celebrado, por sua vez, a existência de um "eu" inevitavelmente performativo. Tem-se delineado, em suma, no contexto da crítica antiessencialista das concepções étnicas, raciais e nacionais da identidade cultural e da "política da localização", algumas das concepções teóricas mais imaginativas e radicais sobre a questão da subjetividade e da identidade. Onde está, pois, a necessidade de mais uma discussão sobre a "identidade"? Quem precisa dela?

Existem duas formas de se responder a essa questão. A primeira consiste em observar a existência de algo que distingue a crítica desconstrutiva à qual muitos destes conceitos essencialistas têm sido submetidos. Diferentemente daquelas formas de crítica que objetivam superar conceitos inadequados, substituindo-os por conceitos "mais verdadeiros" ou que aspiram à produção de um conhecimento positivo, a perspectiva desconstrutiva coloca certos conceitos-chave "sob rasura". O sinal de "rasura" (X) indica que eles não servem mais – não são mais "bons para pensar" – em sua forma original, não reconstruída. Mas uma vez que eles não foram dialeticamente superados e que não existem outros conceitos, inteiramente diferentes, que possam substituí-los, não existe nada a fazer senão continuar a se pensar com eles – embora agora em suas formas destotalizadas e desconstruídas, não se trabalhando mais no paradigma no qual eles foram originalmente gerados (HALL, 1995). As duas linhas cruzadas (X) que sinalizam que eles estão cancelados permitem, de forma paradoxal, que eles continuem a ser lidos. Derrida descreve essa abordagem como "pensando no limite", como "pensando no intervalo", como uma espécie de escrita dupla. "Por meio dessa escrita dupla, precisamente estratificada, deslocada e deslocadora, devemos também marcar o intervalo entre a inversão que torna baixo aquilo que era alto [...] e a emergência repentina de um novo 'conceito' que não se deixa mais – que jamais se deixou – subsumir pelo regime anterior" (DERRIDA, 1981: 42). A identidade é um desses conceitos que operam "sob rasura", no intervalo entre a inversão e a emergência: uma ideia que não pode ser pensada da forma antiga, mas sem a qual certas questões-chave não podem ser sequer pensadas.

Um segundo tipo de resposta exige que observemos onde e em relação a qual conjunto de problemas emerge a *irredutibilidade* do conceito de identidade. Penso que a resposta, neste caso, está em sua centralidade para a questão da agência[1] e

---

1. "Agência" é, aqui, a tradução do termo "agency", amplamente utilizado na literatura de teoria social anglo-saxônica para designar o elemento ativo da ação individual. Cf. Tomaz Tadeu da Silva. *Teoria cultural e educação. Um vocabulário crítico*. Belo Horizonte: Autêntica, 2000 [N.T.].

da política. Por "política" entendo tanto a importância – no contexto dos movimentos políticos em suas formas modernas – do significante "identidade" e de sua relação primordial com uma política da localização, quanto as evidentes dificuldades e instabilidades que têm afetado todas as formas contemporâneas da chamada "política de identidade". Ao falar em "agência" não quero expressar nenhum desejo de retornar a uma noção não mediada e transparente do sujeito como o autor centrado da prática social, nem tampouco pretendo adotar uma abordagem que "coloque o ponto de vista do sujeito na origem de toda historicidade – que, em suma, leve a uma consciência transcendental" (FOUCAULT, 1970: XIV).

Concordo com Foucault quando diz que o que nos falta, neste caso, não é "uma teoria do sujeito cognoscente", mas "uma teoria da prática discursiva". Acredito, entretanto, que o que este descentramento exige – como a evolução do trabalho de Foucault claramente mostra – é não um abandono ou abolição, mas uma reconceptualização do "sujeito". É preciso pensá-lo em sua nova posição – deslocada ou descentrada – no interior do paradigma. Parece que é na tentativa de rearticular a relação entre sujeitos e práticas discursivas que a questão da identidade – ou melhor, a questão da *identificação*, caso se prefira enfatizar o processo de subjetivação (em vez das práticas discursivas) e a política de exclusão que essa subjetivação parece implicar – volta a aparecer.

O conceito de "identificação" acaba por ser um dos conceitos menos bem desenvolvidos da teoria social e cultural, quase tão ardiloso – embora preferível – quanto o de "identidade". Ele não nos dá, certamente, nenhuma garantia contra as dificuldades conceituais que têm assolado o último. Resta-nos buscar compreensões tanto no repertório discursivo quanto no psicanalítico, sem nos limitarmos a nenhum deles. Trata-se de um campo semântico demasiadamente complexo para ser deslindado aqui, mas é útil estabelecer, pelo menos indicativamente, sua relevância para a tarefa que temos à mão. Na linguagem do senso comum, a identificação é construída a partir do reconhecimento de alguma origem comum, ou de características que são partilhadas com outros grupos ou pessoas, ou ainda a partir de um mesmo ideal. É em cima dessa fundação que ocorre o natural fechamento que forma a base da solidariedade e da fidelidade do grupo em questão.

Em contraste com o "naturalismo" dessa definição, a abordagem discursiva vê a identificação como uma construção, como um processo nunca completado – como algo sempre "em processo". Ela não é, nunca, completamente determinada – no sentido de que se pode, sempre, "ganhá-la" ou "perdê-la"; no sentido de que ela pode ser, sempre, sustentada ou abandonada. Embora tenha suas condições determinadas de existência, o que inclui os recursos materiais e simbólicos exigidos para sustentá-la, a identificação é, ao fim e ao cabo, condicional; ela está, ao fim e ao cabo, alojada na contingência. Uma vez assegurada, ela não anulará a diferença. A fusão total entre o "mesmo" e o "outro" que ela sugere é, na verdade, uma fantasia de incorporação (Freud sempre falou dela em termos de "consumir o outro", como veremos em um momento).

A identificação é, pois, um processo de articulação, uma suturação, uma sobredeterminação, e não uma subsunção. Há sempre "demasiado" ou "muito pouco" – uma sobredeterminação ou uma falta, mas nunca um ajuste completo, uma totalidade. Como todas as práticas de significação, ela está sujeita ao "jogo" da *différance*. Ela obedece à lógica do mais-que-um. E uma vez que, como num processo, a identificação opera por meio da *différance*, ela envolve um trabalho discursivo, o fechamento e a marcação de fronteiras simbólicas, a produção de "efeitos de fronteiras". Para consolidar o processo, ela requer aquilo que é deixado de fora – o exterior que a constitui.

Em segundo lugar, na perspectiva pós-estruturalista, o conceito de representação incorpora todas as características de indeterminação, ambiguidade e instabilidade atribuídas à linguagem. Isto significa questionar quaisquer das pretensões miméticas, especulares ou reflexivas atribuídas à representação pela perspectiva clássica. Aqui, a representação não aloja a presença do "real" ou do significado. A representação não é simplesmente um meio transparente de expressão de algum suposto referente. Em vez disso, a representação é, como qualquer sistema de significação, uma forma de atribuição de sentido. Como tal, a representação é um sistema linguístico e cultural: arbitrário, indeterminado e estreitamente ligado a relações de poder.

É aqui que a representação se liga à identidade e à diferença. A identidade e a diferença são estreitamente dependentes da representação. É por meio da representação, assim compreendida, que a identidade e a diferença adquirem sentido. É por meio da representação que, por assim dizer, a identidade e a diferença passam a existir. Representar significa, neste caso, dizer: "essa é a identidade", "a identidade é isso".

É também por meio da representação que a identidade e a diferença se ligam a sistemas de poder. Quem tem o poder de representar tem o poder de definir e determinar a identidade. É por isso que a representação ocupa um lugar tão central na teorização contemporânea sobre identidade e nos movimentos sociais ligados à identidade. Questionar a identidade e a diferença significa, nesse contexto, questionar os sistemas de representação que lhe dão suporte e sustentação. No centro da crítica da identidade e da diferença está uma crítica das suas formas de representação. Não é difícil perceber as implicações pedagógicas e curriculares dessas conexões entre identidade e representação. A pedagogia e o currículo deveriam ser capazes de oferecer oportunidades para que as crianças e os/as jovens desenvolvessem capacidades de crítica e questionamento dos sistemas e das formas dominantes de representação da identidade e da diferença.

Identidade e diferença como performatividade

Remeter a identidade e a diferença aos processos discursivos e linguísticos que as produzem pode significar, entretanto, outra vez, simplesmente fixá-las, se nos limitarmos a compreender a representação de uma forma puramente descritiva. Será o conceito de performatividade, desenvolvido, neste contexto, sobretudo pela teórica Judith Butler (1999), que nos permitirá contornar esse problema. O conceito de performatividade desloca a ênfase na identidade como descrição, como aquilo que é – uma ênfase que é, de certa forma, mantida pelo conceito de representação – para a ideia de "tornar-se", para uma concepção da identidade como movimento e transformação.

A formulação inicial do conceito de "performatividade" deve-se a J.A. Austin (1998). Segundo Austin, contrariamente à visão que geralmente se tem, a linguagem não se limita a proposições que simplesmente descrevem uma ação, uma situação ou um estado de coisas. Assim, se nos pedirem para dar um exemplo de uma proposição típica, provavelmente nos sairíamos com algo como "O livro está sobre a mesa". Trata-se, tipicamente, de uma proposição que Austin chama de "constatativa" ou "descritiva". Ela simplesmente descreve uma situação. Mas a linguagem tem pelo menos uma outra categoria de proposições que não se ajustam a essa definição: são aquelas proposições que não se limitam a descrever um estado de coisas, mas que fazem com que alguma coisa aconteça. Ao serem pronunciadas, essas proposições fazem com que algo se efetive, se realize. Austin chama a essas proposições de "performativas". São exemplos típicos de proposições performativas: "Eu vos declaro marido e mulher", "Prometo que te pagarei no fim do mês", "Declaro inaugurado este monumento".

Em seu sentido estrito, só podem ser consideradas performativas aquelas proposições cuja enunciação é absolutamente necessária para a consecução do resultado que anunciam. Entretanto, muitas sentenças descritivas acabam funcionando como performativas. Assim, por exemplo, uma sentença como "João é pouco inteligente", embora pareça ser simplesmente descritiva, pode funcionar – em um sentido mais amplo – como performativa, na medida em que sua repetida enunciação pode acabar produzindo o "fato" que supostamente apenas deveria descrevê-lo. É precisamente a partir desse sentido ampliado de "performatividade" que a teórica Judith Butler analisa a produção da identidade como uma questão de performatividade.

Em geral, ao dizer algo sobre certas características identitárias de algum grupo cultural, achamos que estamos simplesmente descrevendo uma situação existente, um "fato" do mundo social. O que esquecemos é que aquilo que dizemos faz parte de uma rede mais ampla de atos linguísticos que, em seu conjunto, contribui para definir ou reforçar a identidade que supostamente apenas estamos descrevendo. Assim, por exemplo, quando utilizamos uma palavra racista como "negrão" para nos referir a uma pessoa negra do sexo masculino não estamos simplesmente fazendo uma descrição sobre a cor de uma pessoa. Estamos, na verdade, inserindo-nos em um sistema linguístico mais amplo que contribui para reforçar a negatividade atribuída à identidade "negra".

Esse exemplo serve também para ressaltar outro elemento importante do aspecto performativo da produção da identidade. A eficácia produtiva dos enunciados performativos ligados à identidade depende de sua incessante repetição. Em termos da produção da identidade, a ocorrência de uma única sentença desse tipo não teria nenhum efeito importante. É de sua repetição e, sobretudo, da *possibilidade* de sua repetição, que vem a força que um ato linguístico desse tipo tem no processo de produção da identidade. É aqui que entra outra noção semiótica importante, uma noção que foi especialmente ressaltada por Jacques Derrida. Uma característica essencial do signo é que ele seja repetível. Isto quer dizer que, quando encontro um signo como "vaca", eu devo ser capaz de reconhecê-lo como se referindo, de forma relativamente estável, sempre, à mesma coisa, apesar de variações "acidentais" – diferenças de caligrafia, por exemplo. Se as palavras ou os signos que utilizamos para nos referir às coisas ou aos conceitos tivessem que ser reinventados, a cada vez e por cada indivíduo – isto é, se não fossem repetíveis – já não seriam signos tais como os concebemos.

Derrida (1991) estende essa ideia para a escrita, em particular, e, mais geralmente, para a linguagem. Para Derrida, o que caracteriza a escrita é precisamente o fato de que, para funcionar como tal, uma mensagem escrita qualquer precisa ser reconhecível e legível na ausência de quem a escreveu e, na verdade, até mesmo na ausência de seu suposto destinatário. Mais radicalmente, ela é independente até mesmo de quaisquer supostas intenções que a pessoa que a escreveu pudesse ter tido no momento em que o fez. Tudo isso é sintetizado na fórmula de que "a escrita é repetível". Segundo Derrida, isso vale para a linguagem em geral. Ele chama essa característica, essa repetibilidade da escrita e da linguagem, de "citacionalidade". Nesses termos, o que distingue a linguagem (como uma extensão da escrita) é sua citacionalidade: ela pode ser sempre retirada de um determinado contexto e inserida em um contexto diferente.

É exatamente essa "citacionalidade" da linguagem que se combina com seu caráter performativo para fazê-la trabalhar no processo de produção da identidade. Quando utilizo a expressão negrão" para me referir a um homem negro não estou simplesmente manifestando uma opinião que tem origem plena e exclusiva em minha intenção, em minha consciência ou minha mente. Ela não é a simples expressão singular e única de minha soberana e livre opinião. Em um certo sentido, estou efetuando uma operação de "recorte e colagem". Recorte: retiro a expressão do contexto social mais amplo em que ela foi tantas vezes enunciada. Colagem: insiro-a no novo contexto, no contexto em que ela reaparece sob o disfarce de minha exclusiva opinião, como o resultado de minha exclusiva operação mental. Na verdade, estou apenas "citando". É essa citação que recoloca em ação o enunciado performativo que reforça o aspecto negativo atribuído à identidade negra de nosso exemplo. Minha frase é apenas mais uma ocorrência de uma citação que tem sua origem em um sistema mais amplo de operações de citação, de performatividade e, finalmente, de definição, produção e reforço da identidade cultural.

Segundo Judith Butler (1999), a mesma repetibilidade que garante a eficácia dos atos performativos que reforçam as identidades existentes pode significar também a possibilidade da interrupção das identidades hegemônicas. A repetição pode ser interrompida. A repetição pode ser questionada e contestada. É nessa interrupção que residem as possibilidades de instauração de identidades que não representem simplesmente a reprodução das relações de poder existentes. É essa possibilidade de interromper o processo de "recorte e colagem", de efetuar uma parada no processo de "citacionalidade" que caracteriza os atos performativos que reforçam as diferenças instauradas, que torna possível pensar na produção de novas e renovadas identidades.

Pedagogia como diferença

Se prestarmos, pois, atenção à teorização cultural contemporânea sobre identidade e diferença, não poderemos abordar o multiculturalismo em educação simplesmente como uma questão de tolerância e respeito para com a diversidade cultural. Por mais edificantes e desejáveis que possam parecer, esses nobres sentimentos impedem que vejamos a identidade e a diferença como processos de *produção* social, como processos que envolvem relações de poder. Ver a identidade e a diferença como uma questão de produção significa tratar as relações entre as diferentes culturas não como uma questão de consenso, de diálogo ou comunicação, mas como uma questão que envolve, fundamentalmente, relações de poder. A identidade e a diferença não são entidades preexistentes, que estão aí desde sempre ou que passaram a estar aí a partir de algum momento fundador, elas não são elementos passivos da cultura, mas têm que ser constantemente criadas e recriadas. A identidade e a diferença têm a ver com a atribuição de sentido ao mundo social e com disputa e luta em torno dessa atribuição.

Nessa perspectiva, podemos fazer uma síntese, descrevendo o que a identidade – tudo isso vale, igualmente, para a diferença – *não* é e o que a identidade *é*.

Primeiramente, a identidade não é uma essência; não é um dado ou um fato – seja da natureza, seja da cultura. A identidade não é fixa, estável, coerente, unificada, permanente. A identidade tampouco é homogênea, definitiva, acabada, idêntica, transcendental. Por outro lado, podemos dizer que a identidade é uma construção, um efeito, um processo de produção, uma relação, um ato performativo. A identidade é instável, contraditória, fragmentada, inconsistente, inacabada. A identidade está ligada a estruturas discursivas e narrativas.

A identidade está ligada a sistemas de representação. A identidade tem estreitas conexões com relações de poder.

Como tudo isso se traduziria em termos de currículo e pedagogia? O outro cultural é sempre um problema, pois coloca permanentemente em xeque nossa própria identidade. A questão da identidade, da diferença e do outro é um problema social ao mesmo tempo que é um problema pedagógico e curricular. É um problema social porque, em um mundo heterogêneo, o encontro com o outro, com o estranho, com o diferente, é inevitável. É um problema pedagógico e curricular não apenas porque as crianças e os jovens, em uma sociedade atravessada pela diferença, forçosamente interagem com o outro no próprio espaço da escola, mas também porque a questão do outro e da diferença não pode deixar de ser matéria de preocupação pedagógica e curricular. Mesmo quando explicitamente ignorado e reprimido, a volta do outro, do diferente, é inevitável, explodindo em conflitos, confrontos, hostilidades e até mesmo violência. O reprimido tende a voltar – reforçado e multiplicado. E o problema é que esse "outro", numa sociedade em que a identidade torna-se, cada vez mais, difusa e descentrada, expressa-se por meio de muitas dimensões. O outro é o outro gênero, o outro é a cor diferente, o outro é a outra sexualidade, o outro é a outra raça, o outro é a outra nacionalidade, o outro é o corpo diferente.

Uma primeira estratégia pedagógica possível, que poderíamos classificar como "liberal", consistiria em estimular e cultivar os bons sentimentos e a boa vontade para com a chamada "diversidade" cultural. Neste caso, o pressuposto básico é o de que a "natureza" humana tem uma variedade de formas legítimas de se expressar culturalmente e todas devem ser respeitadas ou toleradas – no exercício de uma tolerância que pode variar desde um sentimento paternalista e superior até uma atitude de sofisticação cosmopolita de convivência para a qual nada que é humano lhe é "estranho". Pedagogicamente, as crianças e os jovens, nas escolas, seriam estimulados a entrar em contato, sob as mais variadas formas, com as mais diversas expressões culturais dos diferentes grupos culturais. Para essa perspectiva, a diversidade cultural é boa e expressa, sob a superfície, nossa natureza humana comum. O problema central, aqui, é que esta abordagem simplesmente deixa de questionar as relações de poder e os processos de diferenciação que, antes que tudo, produzem a identidade e a diferença. Em geral, o resultado é a produção de novas dicotomias, como a do dominante tolerante e do dominado tolerado ou a da identidade hegemônica mas benevolente e da identidade subalterna mas "respeitada".

Uma segunda estratégia, que poderíamos chamar de "terapêutica", também aceita, liberalmente, que a diversidade é "natural" e boa, mas atribui a rejeição da diferença e do outro a distúrbios psicológicos. Para essa perspectiva, a incapacidade de conviver com a diferença é fruto de *sentimentos* de discriminação, de preconceitos, de crenças distorcidas e de estereótipos, isto é, de imagens do outro que são fundamentalmente errôneas. A estratégia pedagógica correspondente consistiria em "tratar" psicologicamente essas atitudes inadequadas. Como o tratamento preconceituoso e discriminatório do outro é um desvio de conduta, a pedagogia e o currículo deveriam proporcionar atividades, exercícios e processos de conscientização que permitissem que as estudantes e os estudantes mudassem suas *atitudes*. Para essa abordagem, a discriminação e o preconceito são atitudes *psicológicas* inapropriadas e devem receber um tratamento que as corrija. Dinâmica de grupo, exercícios corporais, dramatizações são estratégias comuns nesse tipo de abordagem.

O conceito de identificação herda, começando com seu uso psicanalítico, um rico legado semântico. Freud chama-a de "a mais remota expressão de um laço emocional com outra pessoa" (FREUD, 1921/1991). No contexto do complexo de Édipo, o conceito toma, entretanto, as figuras do pai e da mãe tanto como objetos de amor quanto como objetos de competição, inserindo, assim, a ambivalência no centro mesmo do processo. "A identificação, na verdade, é ambivalente desde o início" (FREUD, 1921/1991: 134). Em *Luto e melancolia*, ela não é aquilo que prende alguém a um objeto que existe, mas aquilo que prende alguém à escolha de um objeto perdido. Trata-se, no primeiro caso, de uma "moldagem de acordo com o outro", como uma compensação pela perda dos prazeres libidinais do narcisismo primal. Ela está fundada na fantasia, na projeção e na idealização. Seu objeto tanto pode ser aquele que é odiado quanto aquele que é adorado. Com a mesma frequência com que ela é transportada de volta ao eu inconsciente, ela "empurra o eu para fora de si mesmo". Foi em relação à ideia de identificação que Freud desenvolveu a importante distinção entre "ser" e "ter" o outro. Ela se comporta "como um derivado da primeira fase da organização da libido, da fase *oral*, em que o objeto que prezamos e pelo qual ansiamos é assimilado pela ingestão, sendo dessa maneira aniquilado como tal" (FREUD, 1921/1991: 135). "As identificações vistas como um todo", observam Laplanche e Pontalis (1985), "não são, de forma alguma, um sistema relacional coerente. Coexistem no interior de uma agência como o superego [supereu], por exemplo, demandas que são diversas, conflituosas e desordenadas. De forma similar, o ego ideal é composto de identificações com ideais culturais que não são necessariamente harmoniosos" (p. 208).

Não estou sugerindo que todas essas conotações devam ser importadas em bloco e sem tradução ao nosso pensamento sobre a "identidade"; elas são citadas aqui para indicar os novos significados que o termo está agora recebendo. O conceito de identidade aqui desenvolvido não é, portanto, um conceito essencialista, mas um conceito estratégico e posicionai. Isto é, de forma diretamente contrária àquilo que parece ser sua carreira semântica oficial, esta concepção de identidade *não* assinala aquele núcleo estável do eu que passa, do início ao fim, sem qualquer mudança, por todas as vicissitudes da história. Esta concepção não tem como referência aquele segmento do eu que permanece, sempre e já, "o mesmo", idêntico a si mesmo ao longo do tempo. Ela tampouco se refere, se pensamos agora na questão da identidade cultural, àquele "eu coletivo ou verdadeiro que se esconde dentro de muitos outros eus – mais superficiais ou mais artificialmente impostos – que um povo, com uma história e uma ancestralidade partilhadas, mantém em comum" (HALL, 1990). Ou seja, um eu coletivo capaz de estabilizar, fixar ou garantir o pertencimento cultural ou uma "unidade" imutável que se sobrepõe a todas as outras diferenças – supostamente superficiais. Essa concepção aceita que as identidades não são nunca unificadas; que elas são, na modernidade tardia, cada vez mais fragmentadas e fraturadas; que elas não são, nunca, singulares, mas multiplamente construídas ao longo de discursos, práticas e posições que podem se cruzar ou ser antagônicos. As identidades estão sujeitas a uma historicização radical, estando constantemente em processo de mudança e transformação.

Precisamos vincular as discussões sobre identidade a todos aqueles processos e práticas que têm perturbado o caráter relativamente "estabelecido" de muitas populações e culturas: os processos de globalização, os quais, eu argumentaria, coincidem com a modernidade (HALL, 1996), e os processos de migração forçada (ou "livre") que têm se tornado um fenômeno global do assim chamado mundo pós-colonial. As identidades parecem invocar uma origem que residiria em um passado histórico com o qual elas continuariam a manter uma certa correspondência. Elas têm a ver, entretanto, com a questão da utilização dos recursos da história, da linguagem e da cultura para a produção não daquilo que nós somos, mas daquilo no qual nos tornamos. Têm a ver não tanto com as questões "quem nós somos" ou "de onde nós viemos", mas muito mais com as questões "quem nós podemos nos tornar", "como nós temos sido representados" e "como essa representação afeta a forma como nós podemos representar a nós próprios". Elas têm tanto a ver com a *invenção* da tradição quanto com a própria tradição, a qual elas nos obrigam a ler não como uma incessante reiteração, mas como "o mesmo que se transforma" (GILROY, 1994): não o assim chamado "retorno às raízes", mas uma negociação com nossas "rotas"[2]. Elas surgem da narrativização do eu, mas a natureza necessariamente ficcional desse processo não diminui, de forma alguma, sua eficácia discursiva, material ou política, mesmo que a sensação de pertencimento, ou seja, a "suturação à história" por meio da qual as identidades surgem, esteja, em parte, no imaginário (assim como no simbólico) e, portanto, sempre, em parte, construída na fantasia ou, ao menos, no interior de um campo fantasmático.

É precisamente porque as identidades são construídas dentro e não fora do discurso que nós precisamos compreendê-las como produzidas em locais históricos e institucionais específicos, no interior de formações e práticas discursivas específicas, por estratégias e iniciativas específicas. Além disso, elas emergem no interior do jogo de modalidades específicas de poder e são, assim, mais o produto da marcação da diferença e da exclusão do que o signo de uma unidade idêntica, naturalmente constituída, de uma "identidade" em seu

---

2. Jogo de palavras, intraduzível, entre "roots" (raízes) e "routes" (rotas, caminhos) [N.T.].

significado tradicional – isto é, uma mesmidade que tudo inclui, uma identidade sem costuras, inteiriça, sem diferenciação interna.

Acima de tudo, e de forma diretamente contrária àquela pela qual elas são constantemente invocadas, as identidades são construídas por meio da diferença e não fora dela. Isso implica o reconhecimento radicalmente perturbador de que é apenas por meio da relação com o Outro, da relação com aquilo que não é, com precisamente aquilo que falta, com aquilo que tem sido chamado de seu *exterior constitutivo*, que o significado "positivo" de qualquer termo – e, assim, sua "identidade" – pode ser construído (DERRIDA, 1981; LACLAU, 1990; BUTLER, 1993). As identidades podem funcionar, ao longo de toda a sua história, como pontos de identificação e apego apenas *por causa* de sua capacidade para excluir, para deixar de fora, para transformar o diferente em "exterior", em abjeto. Toda identidade tem, à sua "margem", um excesso, algo a mais. A unidade, a homogeneidade interna, que o termo "identidade" assume como fundacional não é uma forma natural, mas uma forma construída de fechamento: toda identidade tem necessidade daquilo que lhe "falta" – mesmo que esse outro que lhe falta seja um outro silenciado e inarticulado. Laclau (1990) argumenta, de forma persuasiva, que "a constituição de uma identidade social é um ato de poder",

> pois se uma identidade consegue se afirmar é apenas por meio da repressão daquilo que a ameaça. Derrida mostrou como a constituição de uma identidade está sempre baseada no ato de excluir algo e de estabelecer uma violenta hierarquia entre os dois polos resultantes – homem/mulher etc. Aquilo que é peculiar ao segundo termo é assim reduzido – em oposição à essencialidade do primeiro – à função de um acidente. Ocorre a mesma coisa com a relação negro/branco, na qual o branco é, obviamente, equivalente a "ser humano". "Mulher" e "negro" são, assim, "marcas" (isto é, termos marcados) em contraste com os termos não marcados "homem" e "branco" (LACLAU, 1990: 33).

Assim, as "unidades" que as identidades proclamam são, na verdade, construídas no interior do jogo do poder e da exclusão; elas são o resultado não de uma totalidade natural inevitável ou primordial, mas de um processo naturalizado, sobredeterminado, de "fechamento" (BHABHA, 1994; HALL, 1993).

Se as "identidades" só podem ser lidas a contrapelo, isto é, *não* como aquilo que fixa o jogo da diferença em um ponto de origem e estabilidade, mas como aquilo que é construído na *différance* ou por meio dela, sendo constantemente desestabilizadas por aquilo que deixam de fora, como podemos, então, compreender seu significado e como podemos teorizar sua emergência? Avtar Brah (1992: 143), em seu importante artigo "Diferença, diversidade e diferenciação", levanta uma série de importantes questões que esses novos modos de conceber a identidade colocam:

> Apesar de Fanon, é ainda necessário trabalhar muito sobre a questão de como o "outro" racializado é constituído no domínio psíquico. Como se deve analisar a subjetividade pós-colonial em sua relação com o gênero e com a raça? O privilegiamento da "diferença sexual" e da primeira infância na psicanálise limita seu valor explicativo para a compreensão das dimensões psíquicas de fenômenos sociais tais como o racismo? De que forma a "diferença sexual" e a ordem social se articulam no processo de formação do sujeito? Em outras palavras, de que forma se deve teorizar o vínculo entre a realidade social e a realidade psíquica? (1992: 142)

O que se segue é uma tentativa de começar a responder a este conjunto crítico mas perturbador de questões.

Em meus trabalhos recentes sobre este tópico fiz uma apropriação do termo "identidade" que não é, certamente, partilhada por muitas pessoas e pode ser mal compreendida. Utilizo o termo "identidade" para significar o ponto de encontro, o ponto de *sutura*, entre, por um lado, os discursos e as práticas que tentam nos "interpelar", nos falar ou nos convocar para que assumamos nossos lugares como os sujeitos sociais de discursos particulares e, por outro lado, os processos que produzem subjetividades, que nos constroem como sujeitos aos quais se pode "falar". As identidades são, pois, pontos de apego temporário às posições-de-sujeito que as práticas discursivas constroem para nós (HALL, 1995). Elas são o resultado de uma bem-sucedida articulação ou "fixação" do sujeito ao fluxo do discurso – aquilo que Stephen Heath, em seu pioneiro ensaio sobre "sutura", chamou de "uma intersecção" (1981: 106). " Uma teoria da ideologia deve começar não pelo sujeito, mas por uma descrição dos efeitos de sutura, por uma descrição da efetivação da junção do sujeito às estruturas de significação". Isto é, as identidades são as posições que o sujeito é obrigado a assumir, embora "sabendo" (aqui, a linguagem da filosofia da consciência acaba por nos trair), sempre, que elas são representações, que a representação é sempre construída ao longo de uma "falta", ao longo de uma divisão, a partir do lugar do Outro e que, assim, elas não podem, nunca, ser ajustadas – idênticas – aos processos de sujeito que são nelas investidos. Se uma suturação eficaz do sujeito a uma posição-de-sujeito exige não apenas que o sujeito seja "convocado", mas que o sujeito invista naquela posição, então a suturação tem que ser pensada como uma *articulação* e não como um processo unilateral. Isso, por sua vez, coloca, com toda a força, a *identificação*, se não as identidades, na pauta teórica.

As referências ao termo que descreve o "chamamento" do sujeito pelo discurso – "interpelação" – nos fazem lembrar que essa discussão tem uma pré-história importante e incompleta nos argumentos que foram provocados pelo ensaio de Althusser "Os aparelhos ideológicos de Estado" (1971). Esse ensaio introduziu o conceito de interpelação e a ideia de que a ideologia tem uma estrutura especular, numa tentativa de evitar o economicismo e o reducionismo das teorias marxistas clássicas sobre a ideologia, reunindo em um único quadro explicativo tanto a função materialista da ideologia na reprodução das relações sociais de produção (marxismo) quanto a função simbólica da ideologia na constituição do sujeito (empréstimo feito a Lacan). Michele Barret deu, recentemente, uma importante contribuição para essa discussão, ao demonstrar a "natureza profundamente dividida e contraditória do argumento que Althusser estava desenvolvendo". Segundo ela, "havia, naquele ensaio, duas soluções separadas, relativamente ao difícil problema da ideologia, duas soluções que, desde então, têm sido atribuídas a dois diferentes pólos" (BARRET, 1991: 96). Não obstante, mesmo que não tivesse sido bem-sucedido, o ensaio sobre os aparelhos ideológicos de Estado assinalou um momento altamente importante dessa discussão. Jacqueline Rose, por exemplo, argumenta no seu livro *Sexuality in the field of vision* (1986) que "a questão da identidade – a forma como ela é constituída e mantida – é, portanto, a questão central por meio da qual a psicanálise entra no campo político":

> Esta [a questão da identidade] é uma das razões pelas quais a psicanálise lacaniana chegou – via o conceito de ideologia de Althusser e por meio de duas trajetórias: a do feminismo e a da análise do cinema – à vida intelectual inglesa. O feminismo, porque a questão da forma como os indivíduos se reconhecem a si próprios como masculinos ou femininos e a exigência de que eles assim o façam parece estar em uma relação extremamente fundamental com as estruturas de desigualdade e subordinação que o feminismo se propõe a mudar. O cinema, porque sua força como um aparelho ideológico reside nos mecanismos de identificação e fantasia sexual dos quais todos nós parecemos participar, mas que, fora do cinema, são admitidos, na maioria das vezes, apenas no divã [do psicanalista]. Se a ideologia é eficaz é porque ela age nos níveis mais rudimentares da identidade e dos impulsos psíquicos (ROSE, 1986: 5).

Entretanto, se não quisermos ser acusados de abandonar um reducionismo economicista para cair diretamente em um reducionismo psicanalítico, precisamos acrescentar que se a ideologia é eficaz é porque ela age *tanto* "nos níveis rudimentares da identidade e dos impulsos psíquicos" *quanto* no nível da formação e das práticas discursivas que constituem o campo social; e que é na articulação desses campos mutuamente constitutivos, mas não idênticos, que se situam os problemas conceituais reais. O termo "identidade" – que surge precisamente no ponto de intersecção entre eles – é, assim, o local da dificuldade. Vale a pena acrescentar que é improvável que consigamos, algum dia, estabelecer esses dois constituintes [o psíquico e o social] como equivalentes – o próprio inconsciente age como a barra ou como o corte entre eles, o que faz do inconsciente "um local de diferimento ou adiamento perpétuo da equivalência" (HALL, 1995), mas não é por essa razão que ele deve ser abandonado.

O ensaio de Heath (1981) nos faz lembrar que foi Michel Pêcheux quem tentou desenvolver uma teoria do discurso de acordo com a perspectiva althusseriana e quem, na verdade, registrou o fosso intransponível entre a primeira e a segunda metades do ensaio de Althusser, assinalando a "forte ausência de uma articulação conceitual entre a *ideologia* e o *inconsciente*" (apud HEATH, 1981: 106). Pêcheux tentou "descrever o discurso em sua relação com os mecanismos pelos quais os sujeitos são posicionados" (HEATH, 1981: 101-102), utilizando o conceito foucaultiano de formação discursiva, definida como aquilo que "determina o que pode e deve ser dito". Na interpretação que Heath faz do argumento de Pêcheux:

> Os indivíduos são constituídos como sujeitos pela formação discursiva, processo de sujeição no qual [aproveitando a ideia do caráter especular da constituição da subjetividade que Althusser tomou emprestada de Lacan] o indivíduo é identificado como sujeito para a formação

discursiva por meio de uma estrutura de falso reconhecimento[3] (o sujeito é, assim, apresentado como sendo a fonte dos significados dos quais, na verdade, ele é um efeito). A interpelação nomeia o mecanismo dessa estrutura de falso reconhecimento; nomeia, na verdade, o lugar do sujeito no discursivo e no ideológico – o ponto de sua correspondência (1981: 101-102).

Essa "correspondência", entretanto, continuava incomodamente não resolvida. Embora continuasse a ser usado como uma forma geral de descrever o processo pelo qual o sujeito é "chamado a ocupar seu lugar", o conceito de interpelação estava sujeito à famosa crítica de Hirst. A interpelação dependia – argumentava Hirst – de um reconhecimento no qual, na verdade, se exigia que o "sujeito", *antes* que tivesse sido constituído como tal pelo discurso, tivesse a capacidade de agir como um sujeito. "Esse algo que ainda não é um sujeito deve já ter as faculdades necessárias para realizar o reconhecimento que o constituirá como um sujeito" (HIRST, 1979: 65). Este argumento mostrou-se muito convincente a muitos dos leitores subsequentes de Althusser, levando, na verdade, todo o campo de investigação a uma interrupção inesperada.

Essa crítica era certamente impressionante, mas a interrupção, nesse momento, de toda investigação, mostrou-se prematura. A crítica de Hirst foi importante, ao mostrar que todos os mecanismos que constituíam o sujeito pelo discurso, por meio de uma interpelação e por meio da estrutura especular do falso reconhecimento, descrita de acordo com a fase lacaniana do espelho, corriam o risco de pressupor um sujeito

---

3. Em inglês, "misrecognition", equivalente ao francês "méconnaissance", traduzidos, ambos, em geral, na literatura psicanalítica, por "desconhecimento". Por considerar que o português "desconhecimento" não expressa a ideia de "conhecimento" ou "reconhecimento" ilusório ou falso que está contida na palavra inglesa e na francesa, preferi traduzir por "falso reconhecimento".

já constituído. Entretanto, uma vez que ninguém tinha proposto renunciar à ideia do sujeito como sendo constituído no discurso, como um efeito do discurso, ainda era necessário mostrar por meio de qual mecanismo – e de um mecanismo que não fosse vulnerável à acusação de pressupor aquilo que queria explicar – essa constituição podia ser efetuada. O problema ficava adiado, mas não resolvido. Pelo menos algumas das dificuldades pareciam surgir do fato de se aceitar sem muita discussão a proposição um tanto sensacionalista de Lacan de que *tudo* que é constitutivo do sujeito não apenas ocorre por meio desse mecanismo de resolução da crise edipiana, mas ocorre num mesmo momento. A "resolução" da crise edipiana, na linguagem extremamente condensada dos evangelistas lacanianos, *era* idêntica – e ocorria por meio de um mecanismo equivalente – à submissão à Lei do Pai, à consolidação da diferença sexual, à entrada na linguagem, à formação do inconsciente e (após Althusser) ao recrutamento às ideologias patriarcais das sociedades ocidentais de capitalismo tardio! A ideia mais complexa de um sujeito-em-processo ficava perdida nessas discutíveis condensações e nessas equivalências hipoteticamente alinhadas (será que o sujeito é racializado, nacionalizado ou constituído como um sujeito empreendedor e liberal tardio também nesse momento [de resolução da crise edipiana]?).

O próprio Hirst parecia pressupor aquilo que Michele Barrett chamou de "Lacan de Althusser". Entretanto, como diz ele, "o complexo e arriscado processo de formação de um adulto humano a partir de um 'animalzinho' não corresponde necessariamente ao processo descrito pelo mecanismo da ideologia de Althusser [...] *a menos que a Criança* [...] permaneça na fase do espelho lacaniana, ou a menos que nós forremos o berço da criança com pressupostos antropológicos" (HIRST, 1979). Sua resposta a isso é um tanto perfunctória. "Não tenho nenhum problema com as Crianças, e não quero declará-las cegas, surdas ou idiotas, simplesmente para negar que elas possuem as capacidades de sujeitos *filosóficos*, que elas têm os atributos de sujeitos cognoscentes, independentemente de sua formação e treinamento como sujeitos sociais". O que está em questão, aqui, é a capacidade de autorreconhecimento. Mas afirmar que o "falso reconhecimento" é um atributo puramente cognitivo (ou, pior ainda, "filosófico") significa expressar um pressuposto sem qualquer fundamento. Além disso, é pouco provável que ele apareça na criança de um só golpe, caracterizando um momento claramente marcado por um "antes" e por um "depois".

Parece que os termos da questão foram, aqui, inexplicavelmente, formulados de uma forma um tanto exagerada. Não precisamos atribuir ao "animalzinho" individual a posse de um aparato filosófico completo para explicar a razão pela qual ele pode ter a capacidade para fazer um "reconhecimento falso" de si próprio no reflexo do olhar do outro, que é tudo o de que precisamos para colocar em movimento a passagem entre o Imaginário e o Simbólico, para utilizar os termos de Lacan. Afinal, de acordo com Freud, para que se possa estabelecer qualquer relação com um mundo externo, a catexia básica das zonas de atividade corporal e o aparato da sensação, do prazer e da dor devem estar já "em ação", mesmo que em uma forma embrionária. Existe, já, uma relação com uma fonte de prazer (a relação com a Mãe no Imaginário), de forma que deve existir já algo que é capaz de "reconhecer" o que é prazer. O próprio Lacan observou, em seu ensaio sobre o estágio do espelho, que "o filhote do homem, numa idade em que, por um curto espaço de tempo, mas ainda assim por algum tempo, é superado em inteligência instrumental pelo chimpanzé, já reconhece não obstante como tal sua imagem no espelho".

Além disso, a crítica parece estar formulada em uma lógica binária: "antes/depois", "ou isto ou aquilo". A fase do espelho não é o *começo* de algo, mas a *interrupção* – a perda, a falta, a divisão – que inicia o processo que "funda" o sujeito sexualmente diferenciado (e o inconsciente) e isso depende não apenas da formação instantânea de alguma capacidade cognitiva interna, mas da ruptura e do deslocamento efetuados pela imagem que é refletida pelo olhar do Outro. Para Lacan, entretanto, isso é já uma fantasia – a própria imagem que localiza a criança divide sua identidade em duas. Além disso, esse momento só tem sentido em relação com a presença e o olhar confortadores da mãe, a qual garante sua realidade para a criança. Peter Osborne (1995) observa que, em "O campo do Outro", Lacan (1977b) descreve "um dos pais segurando a criança diante do espelho". A criança lança um olhar em direção à mãe, como que buscando confirmação: "ao se agarrar à referência daquele que o olha num espelho, o sujeito vê aparecer, não seu ideal do eu, mas seu eu ideal" (p. 257 [242]). Esse argumento, sugere Osborne, "explora a indeterminação que é inerente à discrepância entre, por um lado, a temporalidade da caracterização – feita por Lacan – do encontro da criança com sua imagem corporal no espelho como um 'estágio' e, por outro, o caráter pontual da apresentação desse encontro como uma cena, cujo ponto dramático está restrito às relações entre apenas dois 'personagens': a criança e sua imagem corporal". Entretanto, como diz Osborne, das duas uma: ou isso representa um acréscimo crítico ao argumento do "estágio do espelho" (mas, nesse caso, por que o argumento não é desenvolvido?) ou isso introduz uma lógica diferente cujas implicações não são absolutamente discutidas no trabalho subsequente de Lacan.

A ideia de que não existe, ali, nada do sujeito, antes do drama edipiano, constitui uma leitura exagerada de Lacan. A afirmação de que a subjetividade não está plenamente constituída até que a crise edipiana tenha sido "resolvida" não supõe uma tela em branco, uma *tabula rasa*, ou uma concepção do tipo "antes e depois do sujeito", desencadeada por alguma espécie de *coup de théâtre*, mesmo que – como Hirst corretamente observou – isso deixe sem solução a problemática relação entre o "indivíduo" e o sujeito (o que "é" o "animalzinho" individual que ainda não é um sujeito?).

Pode-se acrescentar que a explicação de Lacan é apenas uma dentre as muitas teorizações sobre a formação da subjetividade que levam em conta os processos psíquicos inconscientes e a relação com o outro. Além disso, agora que o "dilúvio lacaniano" de alguma forma retrocedeu e não existe mais o forte impulso inicial naquela direção dado pelo texto de Althusser, a discussão se apresenta de uma forma um tanto diferente. Em sua recente e interessante discussão sobre as origens hegelianas do conceito de "reconhecimento" antes referido, Peter Osborne critica Lacan pela "forma pela qual, ao abstraí-la do contexto de suas relações com os outros (particularmente, com a mãe), ele absolutiza a relação da criança com sua imagem", tornando essa relação, ao mesmo tempo, constitutiva da "matriz simbólica de onde emerge um eu primordial". Ele discute, a partir dessa crítica, as possibilidades de diversas outras variantes (Kristeva, Jéssica Benjamin, Laplanche), as quais não estão confinadas ao falso e alienado reconhecimento do drama lacaniano. Esses são indicadores úteis para nos tirar do impasse no qual, sob os efeitos do "Lacan de Althusser", essa discussão nos tinha deixado, quando víamos as meadas do psíquico e do discursivo escorregar de nossas mãos.

Eu argumentaria que Foucault também aborda o impasse que nos foi deixado pela crítica que Hirst faz de Althusser, mas a partir da direção oposta, por assim dizer. Atacando, de forma enérgica, o "grande mito da interioridade", e impulsionado por sua crítica tanto do humanismo quanto da filosofia da consciência e por sua leitura negativa da psicanálise, Foucault também efetua uma radical historicização da categoria de sujeito. O sujeito é produzido "como um efeito" do discurso e no discurso, no interior de formações discursivas específicas, não tendo qualquer existência própria. Não existe tampouco nenhuma continuidade de uma posição-de-sujeito para outra ou qualquer identidade transcendental entre uma posição e outra. Na perspectiva de seu trabalho "arqueológico" (*A história da loucura*, *O nascimento da clínica*, *As palavras e as coisas*, *A arqueologia do saber*), os discursos constroem – por meio de suas regras de formação e de suas "modalidades de enunciação" – posições-de-sujeito. Por mais convincentes e originais que sejam esses trabalhos, a crítica que lhes é feita parece, a esse respeito, justificada. Eles dão uma descrição formal da construção de posições-de-sujeito no interior do discurso, revelando muito pouco, em troca, sobre as razões pelas quais os indivíduos ocupam certas posições-de-sujeito e não outras.

Ao deixar de analisar como as posições sociais dos indivíduos interagem com a construção de certas posições-de-sujeito discursivas "vazias", Foucault introduz uma antinomia entre as posições-de-sujeito e os indivíduos que as ocupam. Sua arqueologia dá, assim, uma descrição formal crítica, mas unidimensional, do sujeito do discurso. As posições-de-sujeito discursivas tornam-se categorias *a priori*, as quais os indivíduos parecem ocupar de forma não problemática (McNAY, 1994: 76-77).

A importante mudança no trabalho de Foucault, de um método arqueológico para um método genealógico, contribuiu muitíssimo para tornar mais concreto o "formalismo" um tanto "vazio" dos trabalhos iniciais. Em especial, o poder, que estava ausente da descrição mais formalista do discurso, é agora introduzido, ocupando uma posição central. São importantes, igualmente, as estimulantes possibilidades abertas pela discussão que Foucault faz do duplo caráter – sujeição/subjetivação (*assujettisement*) – do processo de formação do sujeito. Além disso, a centralidade da questão do poder e a ideia de que o próprio discurso é uma formação regulativa e regulada, a entrada no qual é "determinada pelas (e constitutiva das) relações de poder que permeiam o domínio social" (McNAY, 1994: 87), trazem a concepção que Foucault tem da formação discursiva para mais perto de algumas das clássicas questões que Althusser tentou discutir por meio do conceito de "ideologia" – sem, obviamente, seu reducionismo de classe, suas conotações economicistas e seus vínculos com asserções de verdade.

Persistem, entretanto, na área da teorização sobre o sujeito e a identidade, certos problemas. Uma das implicações das novas concepções de poder desenvolvidas no trabalho de Foucault é a radical "desconstrução" do corpo – o último resíduo ou local de refúgio do "Homem" – e sua "reconstrução" em termos de formações históricas, genealógicas e discursivas. O corpo é construído, moldado e remoldado pela intersecção de uma variedade de práticas discursivas disciplinares. A tarefa da genealogia, proclama Foucault, "é a de expor o corpo totalmente marcado pela história, bem como a história que arruína o corpo" (1984: 63). Embora possamos aceitar esse argumento, com todas as suas implicações radicalmente "construcionistas" (o corpo torna-se infinitamente maleável e contingente), não estou certo de que possamos ou devamos ir tão longe a ponto de declarar como Foucault que "nada no homem – nem mesmo seu corpo – é suficientemente estável para servir de base para o autorreconhecimento ou para a compreensão de outros homens". Isso não porque o corpo se constitua em um referente *realmente* estável e verdadeiro para o processo de autocompreensão, mas porque, embora possa se tratar de um "falso reconhecimento", é precisamente sob essa forma que o corpo tem *funcionado como o significante da condensação das subjetividades no indivíduo* e essa função não pode ser descartada apenas porque, como Foucault tão bem mostra, ela não é "verdadeira".

Além disso, o meu próprio sentimento é o de que, apesar das afirmações em contrário de Foucault, sua invocação do *corpo* como o ponto de aplicação de uma variedade de práticas disciplinares tende a emprestar à sua teoria da regulação disciplinar uma espécie de "concretude deslocada ou mal colocada", uma materialidade residual, a qual acaba, dessa forma, por agir discursivamente para "resolver" ou aparentar resolver a relação, indeterminada, entre o sujeito, o indivíduo e o corpo. Para dizê-lo de forma direta, essa "materialidade" junta, por meio de uma costura, ou de uma "sutura", aquelas coisas que a teoria da produção discursiva de sujeitos, se levada a seus extremos, fraturaria e dispersaria de forma irremediável. Penso que "o corpo" adquiriu, na investigação pós-foucaultiana, um valor totêmico, precisamente por causa dessa posição quase mágica. É praticamente o único traço que resta, no trabalho de Foucault, de um "significante transcendental".

A crítica mais séria tem a ver, entretanto, com o problema que Foucault encontra ao teorizar a resistência na teoria do poder desenvolvida em *Vigiar e punir* e em *A história da sexualidade*. Tem a ver também com a concepção do sujeito inteiramente autopoliciado que emerge das modalidades disciplinares, confessionais e pastorais de poder discutidas nesses trabalhos, bem como com a ausência de qualquer consideração sobre o que poderia, de alguma forma, interromper, impedir ou perturbar a tranquila inserção dos indivíduos nas posições-de-sujeito construídas por esses discursos. Conceber o corpo como submetido, por meio da "alma", a regimes de verdade normalizadores, é uma maneira produtiva de se repensar a assim chamada "materialidade" do corpo – uma tarefa que tem sido produtivamente assumida por Nikolas Rose e pela "escola da governamentalidade", bem como, de uma forma diferente, por Judith Butler, em *Bodies that matter*, 1993. Mas é difícil deixar de questionar a concepção do próprio Foucault de que os sujeitos assim construídos são "corpos dóceis" e todas as implicações que isso acarreta. Não há nenhuma teorização sobre as razões pelas quais os corpos deveriam, sempre e incessantemente, estar a postos, na hora exata – exatamente o ponto do qual a teoria marxista clássica da ideologia começou a se desembaraçar e a própria dificuldade que Althusser reintroduziu quando ele, normativamente, definiu a função da ideologia como sendo a de "reproduzir as relações sociais de produção".

Além disso, não há nenhuma teorização sobre os mecanismos psíquicos ou os processos interiores que podem fazer com que essas "interpelações" automáticas sejam produzidas ou, de forma mais importante, que podem fazer com que elas fracassem ou encontrem resistência ou sejam negociadas. Mesmo considerando o trabalho de Foucault, sem dúvida, como estimulante e produtivo, podemos dizer que, nesse caso, ele "pula, muito facilmente, de uma descrição do poder disciplinar como uma *tendência* das modernas formas de controle social para uma formulação do poder disciplinar como uma força monolítica plenamente instalada – uma força que satura todas as relações sociais. Isso leva a uma superestimação da eficácia do poder disciplinar e a uma compreensão empobrecida do indivíduo, o que impede que se possa explicar as experiências que escapam ao terreno do 'corpo dócil'" (McNAY, 1994: 104).

Que isso se tornou óbvio para Foucault torna-se evidente na nítida e nova mudança em seu trabalho, representada pelos últimos (e incompletos) volumes da assim chamada "História da sexualidade" (*O uso dos prazeres*, 1987; *O cuidado de si*, 1988, e, tanto quanto podemos deduzir, o volume inédito e importantíssimo – do ponto de vista da crítica que acabamos de revisar – sobre "As perversões"). Pois, aqui, sem se afastar muito de seu inspirado trabalho sobre o caráter produtivo do processo de regulação normativa (nenhum sujeito fora da Lei, como expressa Judith Butler), ele tacitamente reconhece que não é suficiente que a Lei convoque, discipline, produza e regule, mas que deve haver também a correspondente produção de uma resposta – e, portanto, a capacidade e o aparato da subjetividade – por parte do sujeito. Em sua introdução crítica ao livro *O uso dos prazeres*, Foucault faz uma lista daquelas coisas que, nesse momento, poderíamos esperar de seu trabalho ("a correlação entre campos de saber, tipos de normatividade e formas de subjetividade", em uma cultura particular), mas agora criticamente acrescenta

> as práticas pelas quais os indivíduos foram levados a prestar atenção a eles próprios, a se decifrar, a se reconhecer e se confessar como sujeitos de desejo, estabelecendo de si para consigo uma certa relação que lhes permite descobrir, no desejo, a verdade de seu ser, seja ele natural ou decaído. Em suma, a ideia era a de pesquisar, nessa genealogia, de que maneira os indivíduos foram levados a exercer, sobre eles mesmos e sobre os outros, uma hermenêutica do desejo (FOUCAULT, 1987: 5 [11]).

Foucault descreve isso – corretamente, em nossa opinião – como uma "terceira mudança, uma mudança que permitiria analisar aquilo que se chama de "o sujeito". Pareceu-lhe necessário examinar quais são as formas e as modalidades da relação com o eu pelas quais o indivíduo se constitui e se reconhece *qua* sujeito. Foucault, obviamente, não faria realmente uma coisa tão vulgar como a de invocar o termo "identidade", mas com a "relação com o eu" e a constituição e o reconhecimento de "si mesmo" *qua* sujeito, estamos nos aproximando, penso eu, daquele território que, nos termos anteriormente estabelecidos, pertence, legitimamente, à problemática da identidade.

Este não é o lugar para explorar os muitos e produtivos *insights* que surgem da análise que Foucault faz dos jogos de verdade, do trabalho ético, dos regimes de autorregulação e automodelação e das "tecnologias do eu" envolvidas na constituição do sujeito desejante. Não existe, aqui, certamente, nenhuma conversão, por parte de Foucault, que reinstaure qualquer ideia de "agência", de intenção ou de volição. Mas há, aqui, sim, uma consideração das práticas de liberdade que podem impedir que esse sujeito se torne, para sempre, simplesmente um corpo sexualizado dócil.

Há a *produção* do eu como um objeto do mundo, as práticas de autoconstituição, o reconhecimento e a reflexão, a relação com a regra, juntamente com a atenção escrupulosa à regulação normativa e com os constrangimentos das regras sem os quais nenhuma "subjetivação" é produzida. Trata-se de um avanço importante, uma vez que, sem esquecer a existência da força objetivamente disciplinar, Foucault acena, pela primeira vez em sua grande obra, à existência de alguma paisagem interior do sujeito, de alguns mecanismos interiores de assentimento à regra, o que livra essa teorização do "behaviorismo" e do objetivismo que ameaçam certas partes de *Vigiar e punir*. A ética e as práticas do eu são, muitas vezes, mais plenamente descritas por Foucault, nas suas últimas obras, como uma "estética da existência", como uma estilização deliberada da vida cotidiana. Além disso, as tecnologias aí envolvidas aparecem mais sob a forma de práticas de autoprodução, de modos específicos de conduta, constituindo aquilo que aprendemos a reconhecer, em investigações posteriores, como a de Judith Butler, por exemplo, como uma espécie de *performatividade*.

O que vemos aqui, pois, na minha opinião, é Foucault sendo pressionado, pelo escrupuloso rigor de seu próprio pensamento e por meio de uma série de mudanças conceituais, efetuadas em diferentes fases de seu trabalho, a se mover em direção ao reconhecimento de que – uma vez que o descentramento do sujeito não significa a destruição do sujeito e uma vez que o "centramento" na prática discursiva não pode funcionar sem a constituição de sujeitos – é necessário complementar a teorização da regulação discursiva e disciplinar com uma teorização das práticas de autoconstituição subjetiva. Nunca foi suficiente – em Marx, em Althusser, em Foucault – ter simplesmente uma teoria de como os indivíduos são convocados a ocupar seus lugares por meio de estruturas discursivas. Foi, sempre, necessário ter também uma teorização de como os sujeitos são constituídos. Em seus últimos trabalhos, Foucault fez um avanço considerável, ao mostrar como isso se dá, em conexão com práticas discursivas historicamente específicas, com a autorregulação normativa e com tecnologias do eu. A questão que fica é se nós também precisamos, por assim dizer, diminuir o fosso entre os dois domínios, isto é, se precisamos de uma teoria que descreva quais são os mecanismos pelos quais os indivíduos considerados como sujeitos se identificam (ou não se identificam) com as "posições" para as quais são convocados; que descreva de que forma eles moldam, estilizam, produzem e "exercem" essas posições; que explique por que eles não o fazem completamente, de uma só vez e por todo o tempo, e por que alguns nunca o fazem, ou estão em um processo constante, agonístico, de luta com as regras normativas ou regulativas com as quais se confrontam e pelas quais regulam a si mesmos – fazendo-lhes resistência, negociando-as ou acomodando-as. Em suma, o que fica é a exigência de se pensar essa relação do sujeito com as formações discursivas *como uma articulação* (todas as articulações são, mais apropriadamente, relações "sem qualquer correspondência necessária", isto é, fundadas naquela contingência que "reativa o histórico" [LACLAU, 1990: 35]).

É, portanto, ainda mais fascinante observar que, quando Foucault, finalmente, *não* dá o passo decisivo nessa direção (no trabalho que foi, então, tragicamente interrompido), ele é impedido, obviamente, de recorrer a uma das principais fontes de pensamento sobre esse negligenciado aspecto, isto é, a psicanálise; ele é impedido, pela sua própria crítica, de ir naquela direção, já que ele via a psicanálise como sendo simplesmente mais uma rede de relações disciplinares de poder. O que ele produz, em vez disso, é uma *fenomenologia* discursiva do sujeito (voltando, assim, talvez, a fontes e influências iniciais, cuja influência sobre seu trabalho ele próprio, de alguma forma, subestimou) e uma genealogia das *tecnologias do eu*. Mas trata-se de uma fenomenologia que corre o risco de ser atropelada por uma ênfase exagerada na intencionalidade – precisamente porque ela não pode admitir o *inconsciente*. Para o bem ou para o mal, aquela porta já estava, para ele, fechada.

Felizmente, ela não permaneceu fechada. Em *Gender trouble* (1990) e, mais especialmente, em *Bodies that matter* (1993), Judith Butler analisa, por meio de sua preocupação com "os limites discursivos do sexo" e com as políticas do feminismo, as complexas transações entre o sujeito, o corpo e a identidade, ao reunir, em um único quadro analítico, concepções foucaultianas e perspectivas psicanalíticas. Adotando a posição de que o sujeito é discursivamente construído e de que não existe qualquer sujeito antes ou fora da Lei, Butler desenvolve o argumento de que

> a categoria do "sexo" é, desde o início, normativa: ela é aquilo que Foucault chamou de "ideal regulatório". Nesse sentido, pois, o sexo não apenas funciona como uma norma, mas é parte de uma prática regulatória que produz os corpos que governa, isto é, toda força regulatória manifesta-se com uma espécie de poder produtivo, o poder de produzir – demarcar, circular, diferenciar – os corpos que controla. O "sexo" é um construto ideal que é forçosamente materializado através do tempo (BUTLER, 1993: 1 [153-154]).

A materialização é, aqui, repensada como um efeito de poder. A visão de que o sujeito é produzido no curso de sua materialização está fortemente fundamentada em uma teoria performativa da linguagem e do sujeito, mas a performatividade é despojada de suas associações com a volição, com a escolha e com a intencionalidade, sendo relida (contra algumas das interpretações equivocadas de *Gender trouble*) "não como o ato pelo qual um sujeito traz à existência aquilo que ela ou ele nomeia, mas, ao invés disso, como aquele poder reiterativo do discurso para produzir os fenômenos que ele regula e constrange" (BUTLER, 1993: 2 [155]).

A mudança decisiva, do ponto de vista do argumento aqui desenvolvido, é, entretanto, a ligação que Butler faz do ato de "'assumir' um sexo com a questão da *identificação* e com os meios discursivos pelos quais o imperativo heterossexual possibilita certas identificações sexuadas e impede ou nega outras identificações" (BUTLER, 1993: 5 [155]). Esse centramento da questão da identificação, juntamente com a problemática do sujeito que "assume um sexo", abre, no trabalho de Butler, um diálogo crítico e reflexivo entre Foucault e a psicanálise que é extremamente produtivo. É verdade que Butler não fornece, em seu texto, um meta-argumento teórico plenamente desenvolvido que descreva como as duas perspectivas, ou a relação entre o discursivo e o psíquico, devem ser "pensadas" de forma conjunta, além de uma sugestiva indicação: "Pode haver uma forma de sujeitar a psicanálise a uma reelaboração foucaultiana, mesmo que o próprio Foucault tenha recusado essa possibilidade". De qualquer forma,

> este texto aceita como ponto de partida a ideia de Foucault de que o poder regulatório produz os sujeitos que controla, que o poder não é simplesmente imposto externamente, mas que funciona como o meio regulatório e normativo pelo qual os sujeitos são formados. O retorno à psicanálise é orientado, pois, pela questão de como certas normas regulatórias formam um sujeito "sexuado", sob condições que tornam impossível se distinguir entre a formação psíquica e a formação corporal (1993: 23).

A relevância do argumento de Butler é ainda mais pertinente, entretanto, porque é desenvolvido no contexto da discussão sobre o gênero e a sexualidade, feita no quadro teórico do feminismo, remetendo, assim, diretamente, tanto às questões sobre identidade e sobre política de identidade quanto às questões sobre a função paradigmática da diferença sexual relativamente aos outros eixos de exclusão, tal como ressaltado no trabalho de Avtar Brah, anteriormente mencionado. Butler apresenta, aqui, o convincente argumento de que todas as identidades funcionam por meio da exclusão, por meio da construção discursiva de um exterior constitutivo e da produção de sujeitos abjetos e marginalizados, aparentemente fora do campo do simbólico, do representável ("a produção de um 'exterior', de um domínio de efeitos inteligíveis" [1993: 22]), o qual retorna, então, para complicar e desestabilizar aquelas foraclusões que nós, prematuramente, chamamos de "identidades". Ela formula esse argumento, de forma eficaz, em relação à sexualização e à racialização do sujeito – um argumento que precisa ser desenvolvido, para que a constituição dos sujeitos por meio dos efeitos regulatórios do discurso racial adquira a importância até aqui reservada para o gênero e a sexualidade (embora, obviamente, seu exemplo mais trabalhado seja o da produção dessas formas de abjeção sexual geralmente "normalizadas" como patológicas ou perversas).

Como observou James Souter (1995), "a crítica interna que Butler faz da política de identidade feminista e de suas premissas fundacionais questiona a adequação de uma política representacional cuja base é a universalidade e a unidade presumíveis de seu sujeito – a categoria unificada sob o rótulo de 'mulheres'". Paradoxalmente, tal como ocorre com todas as outras identidades, quando são tratadas, politicamente, de uma maneira fundacional, essa identidade "está baseada na exclusão das mulheres 'diferentes' e no privilegiamento normativo das relações heterossexuais como a base de uma política feminista". Essa "unidade", argumenta Souter, é uma "unidade fictícia", produzida e constrangida pelas mesmas estruturas de poder por meio das quais a emancipação é buscada". Significativamente, entretanto, como Souter também argumenta, isso *não* leva Butler a argumentar que todas as noções de identidade deveriam, portanto, ser abandonadas, por serem teoricamente falhas. Na verdade, ela aceita a estrutura especular da identificação como sendo uma parte de seu argumento. Mas ela reconhece que um tal argumento sugere, *de fato*, "os limites necessários da política de identidade":

> Neste sentido, as identificações pertencem ao imaginário; elas são esforços fantasmáticos de alinhamento, de lealdade, de coabitações ambíguas e intercorporais. Elas desestabilizam o eu; elas são a sedimentação do "nós" na constituição de qualquer eu; elas constituem a estruturação presente da alteridade, contida na formulação mesma do eu. As identificações não são, nunca, plenamente e finalmente feitas; elas são incessantemente reconstituídas e, como tal, estão sujeitas à lógica volátil da iterabilidade. Elas são aquilo que é constantemente arregimentado, consolidado, reduzido, contestado e, ocasionalmente, obrigado a capitular (1993: 105).

O esforço, agora, para se pensar a questão do caráter distintivo da lógica pela qual o corpo racializado e etnicizado é constituído discursivamente – por meio do ideal normativo regulatório de um "eurocentrismo compulsivo" (por falta de uma outra palavra) – não pode ser simplesmente enxertado nos argumentos brevemente esquematizados acima. Mas eles têm recebido um enorme e original impulso desse enredado e inconcluso argumento, que demonstra, sem qualquer sombra de dúvida, que a questão e a teorização da identidade é um tema de considerável importância política, que só poderá avançar quando tanto a necessidade quanto a "impossibilidade" da identidade, bem como a suturação do psíquico e do discursivo em sua constituição, forem plena e inequivocamente reconhecidos.

Referências

ALTHUSSER, L. (1971). *Lenin and Philosophy and Other Essays.* Londres: New Left Books.

BARRETT, M. (1991). *The Politics of Truth.* Cambridge: Polity.

BHABHA, H. (1994). "The Other Question". *The Location of Culture.* Londres: Routledge.

BRAH, A. (1992). Difference, diversity and differentiation. In: DONALD, J. & RATTANSI, A. (orgs.). *Race, Culture and Difference.* Londres: Sage, p. 126-145.

BROWN, B. & COUSINS, M. (1980). "The linguistic fault". *Economy and Society*, 9(3).

BUTLER, J. (1993). *Bodies That Matter.* Londres: Routledge, [o capítulo introdutório deste livro foi publicado, em português, em Guacira Lopes Louro (org.). (1999). *O corpo educado* – Pedagogias da sexualidade. Belo Horizonte: Autêntica, p. 151-172, com o título "Corpos que pesam: sobre os limites discursivos do 'sexo'"].

_____ (1990). *Gender Trouble.* Londres: Routledge.

DERRIDA, J. (1981). *Positions.* Chicago: University of Chicago Press.

FOUCAULT, M. (1988). *The Care of the Self.* Harmondsworth: Penguin.

_____ (1987). *The Uses of Pleasure.* Harmondsworth: Penguin (*O uso dos prazeres*. Rio de Janeiro: Graal, 1985) [Nas referências no corpo do texto, os números entre colchetes referem-se ao número das páginas correspondentes da tradução brasileira].

_____ (1984). Nietzsche, genealogy, history. In: RABINOW, P. (org.). *The Foucault Reader.* Harmondsworth: Penguin.

_____ (1981). *The History of Sexuality.* Vol. 1. Harmondsworth: Penguin.

_____ (1977). *Discipline and Punish*. Harmondsworth: Penguin (*Vigiar e punir*. Petrópolis: Vozes, 1977).

_____ (1972). *The Archaeology of Knowledge*. Londres: Tavistock.

_____ (1970). *The Order of Things*. Londres: Tavistock.

FREUD, S. (1921/1991). "Group psychology and the analysis of the ego". *Civilization, Society an Religion*. Vol. 12 Selected Works. Harmondsworth: Penguin.

GILROY, R. (1994). *The Black Atlantic*: Modernity and Double Consciousness. Londres: Verso.

HALL, S. (1996). When was the post-colonial? In: CURTI, L. & CHAMBERS, I. (orgs.). *The Post-Colonial in Question*. Londres: Routledge.

_____ (1995). Fantasy, identity, politics. In: CARTER, E.; DONALD, J. & SQUITES, J. (orgs.). *Cultural Remix*: Theories of Politics and the Popular. Londres: Lawrence & Wishart.

_____ (1993). Cultural identity in question. In: HALL, S.; HELD, D. & McGREW, T. (orgs.). *Modernity and its Futures*. Cambridge: Polity.

_____ (1990). Cultural identity and diaspora. In: RUTHERFORD, J. (org.). *Identity*. Londres: Lawrence & Wishart.

_____ (1985). "Signification, representation and ideology: Althusser and the poststructuralist debates". *Critical Studies in Mass Communication*, 2(2).

HEATH, S. (1981). *Questions of Cinema*. Basingstoke: Macmillan.

HIRST, P. (1979). *On Law and Ideology*. Basingstoke: Macmillan.

LACLAU, E. (1990). *New Reflections on the Revolution of Our Time*. Londres: Verso.

LACAN, J. (1977b). *Ecrits*. Londres: Tavistock (*Escritos*. Rio: Jorge Zahar, 1998) [Nas referências no corpo do texto, os números entre colchetes referem-se ao número das páginas correspondentes da tradução brasileira].

_____ (1977b). *The Four Fundamental Concepts of Psychoanalysis*. Londres: Hogarth Press (*Os quatro conceitos fundamentais da psicanálise* – O Seminário: Livro 11. Rio: Jorge Zahar, 1988) [Nas referências no corpo do texto, os números entre colchetes referem-se ao número das páginas correspondentes da tradução brasileira].

LAPLANCHE, J. & PONTALIS, J.-B. (1985). *The Language of Psychoanalysis*. Londres: Hogarth Press.

McNAY, L. (1994). *Foucault*: A Critical Introduction. Cambridge: Polity Press.

OSBORNE, R. (1995). *The Politics of Time*. Londres: Verso.

ROSE, J. (1986). *Sexuality in the Field of Vision*. Londres: Verso.

SOUTER, J. (1995). "From *Gender Trouble* to *Bodies That Matter*" [Inédito].

Conecte-se conosco:

f facebook.com/editoravozes

◉ @editoravozes

🐦 @editora_vozes

▶ youtube.com/editoravozes

✆ +55 24 99267-9864

www.vozes.com.br

Conheça nossas lojas:

www.livrariavozes.com.br

Belo Horizonte – Brasília – Campinas – Cuiabá – Curitiba
Fortaleza – Juiz de Fora – Petrópolis – Recife – São Paulo

EDITORA VOZES LTDA.
Rua Frei Luís, 100 – Centro – Cep 25689-900 – Petrópolis, RJ
Tel.: (24) 2233-9000 – E-mail: vendas@vozes.com.br